地域再生の産業観光論

Industrial Tourism Theory の of Regional Revitalization

産業観光論

竹田 英司 著

やきもの産地のコト消費とモノ消費

同友館

まえがき

　日本経済はCOVID-19（新型コロナウイルス感染症・2019年12月中国武漢市発症）拡大の影響によって，国難ともいうべき厳しい状況に置かれている。国内総生産（GDP）支出面のうち，民間最終消費支出である個人消費が半数以上を占めているが，外出自粛による消費者マインドの影響を受けて，個人消費は停滞している。くわえて，地場産業とよばれる日用品の生産地では，1990年ごろから安価な海外製品との競合や，ライフスタイルの変化によって，現在は生産量，生産額，事業所数がピーク時の半分から1/5程度までに落ち込んでいる。日本の国土7割を占める農業生産が不利な中山間地域では，江戸時代以来，日用品を生産する地場産業が「地域の稼ぐ力」（地域の移出産業）であったが，地場産業はかつての「稼ぐ力」を失っている。本書でいう「地域の稼ぐ力」とは，地域の移出入収支を黒字化に導く地域産業である。

　新型コロナウイルス感染症拡大の影響によって事業所数が激減し，生き残る生産地と消えゆく生産地の差が顕著に表れるであろう。「地域の稼ぐ力」（地域の移出産業）を育成や再生する地方創生や地域経済再生を推進すべきである。

　日本各地の地場産業を取り巻く環境は，人口減少や生活スタイル，嗜好の多様化などにより規模が縮小している。新型コロナウイルス感染症収束後は，波佐見焼・美濃焼・有田焼の生産量と生産額も，波佐見町・多治見市・有田町の観光客数と観光消費額も激減するであろう。しかし地場産業を形づくった歴史や文化，そこから見い出された商品価値は日本にとってかけがえのない大きな財産である。地場産業の生産地は，歴史的価値や文化的価値を有し，日本の地場産業とその商品価値は世界が認めている。新型コロナウイルス感染症収束後には，地場産業と観光を組み合わせた産業観光，農林漁業と観光を組み合わせた農業観光（グリーン・ツーリズム）によって，新しい商品価値を創発することで，地方創生や地域経済の再生に辿り着けよう。

　新型コロナウイルス感染症の影響が顕著になる2020年2月ごろまで，日本では消費者である日本人観光客や訪日外国人観光客を特定地域へよび込むため

に，コト消費が注目を集めていた。しかし，「地域の稼ぐ力」（地域の移出産業）を育成や再生するためには，コト消費だけではなく，モノ消費とトキ消費も不可欠である。トキ消費とは，博報堂生活総合研究所が2017年から提唱しているモノとコトに続く消費潮流である。トキ消費の3要件は，非再現性・参加性・貢献性である。個人消費向けの多様なコト消費・モノ消費・トキ消費によって，地域の移出入収支を黒字化させることが，地場産業の産業観光化や，農林漁業の農業観光化（グリーン・ツーリズム）であり，新型コロナウイルス感染症収束後の地方創生や地域経済の再生に対する一つの答えとなろう。

　本書は，肥前磁器の生産地である長崎県波佐見町と佐賀県有田町，美濃焼の生産地の1つである岐阜県多治見市を事例に，地域産業の再生について，産業観光の視点から「地域の稼ぐ力」（地域の移出産業）を検討するものである。本書の各章は，右記の研究成果に修正や加筆したものである。

初出一覧

第1章
- 竹田英司（2021年9月30日）「やきもの産業に未来はあるのか」水野勝之編著『イノベーションの未来予想図』創成社，190-195頁。

第2章
- 小林善輝・竹田英司・井手修身（2021年1月10日）「グリーン・クラフト・ツーリズムの歩みと取り組み」兒玉盛介ほか『笑うツーリズム：HASAMI CRAFT TOURISM』120-139頁（筆者執筆箇所120-131頁）。

第3章
- 竹田英司（2022年3月30日）「波佐見観光と波佐見焼の市場調査：2021年度長崎県立大学受託研究成果報告書」『長崎県立大学論集』55（4），325-354頁。

第4章
- 竹田英司（2021年9月30日）「地域産業の産業観光化：波佐見焼生産地のコト消費・モノ消費・トキ消費」『地域経済学研究』41，45-62頁。

第5章
- 竹田英司（2022年3月30日）「有田観光と有田焼の市場調査：2021年度長崎県立大学受託研究成果報告書」『長崎県立大学論集』55（4），263-290頁。

第6章
- 竹田英司（2021年3月31日）「有田焼生産地の稼ぐ力：地域産業と産業観光」『日本産業科学学会研究論叢』26，59-70頁。

第7章

- 竹田英司（2022年3月30日）「美濃焼多治見観光と美濃焼の市場調査：2021年度長崎県立大学受託研究成果報告書」『長崎県立大学論集』55（4），291-322頁。

第8章

- 竹田英司（2022年6月30日）「多治見産業観光と美濃焼ブランドに関する研究」『長崎県立大学論集』56（1），35-53頁。

第9章

- 竹田英司（2021年9月30日）「地場産業とツーリズム」梅村仁編著『実践から学ぶ地域活性化』同友館，105-120頁。
- 竹田英司（2022年12月刊行予定）「地域産業の持続性：波佐見町の軌跡と奇跡」『九州経済学会』60，掲載頁未定（2022年2月末日投稿）。

　第1章では，佐賀県の有田町・伊万里市・武雄市・嬉野市・唐津市と，長崎県の佐世保市・波佐見町の肥前地域で生産されている肥前磁器のイノベーションについて，時系列的に整理している。第2章では，波佐見町における地域経済再生の歩みと取り組みについて，民間中心に整理している。第3章では，波佐見町の観光経済と波佐見焼産業について，新型コロナウイルス感染症拡大後の2021年現状を分析している。第4章では，産業観光と波佐見焼産業について学術的に整理したうえで，新型コロナウイルス感染症拡大前の2019年現状を分析している。

　第5章では，有田町の観光経済と有田焼産業について，新型コロナウイルス感染症拡大後の2021年現状を分析している。第6章では，有田焼産業の再生について学術的に整理したうえで，新型コロナウイルス感染症拡大後の2021年現状と2007年を比較している。第7章では，多治見市の観光経済と美濃焼産業について，新型コロナウイルス感染症拡大後の2021年現状を分析してい

る。第8章では，地域ブランドと美濃焼ブランドについて学術的に整理したうえで，新型コロナウイルス感染症拡大後の2021年現状を分析している。第9章では，波佐見町の観光経済と波佐見焼産業から，地方創生と地域産業の再生について考察している。

第2章・第4章は，2019年以前の新型コロナウイルス感染症拡大前に関する調査研究である。また，第1章・第3章・第5章・第6章・第7章・第8章は，2020年以降の新型コロナウイルス感染症拡大後に関する調査研究である。

本書では，表記ゆれを避けるため，固有名詞「特定非営利活動法人グリーンクラフトツーリズム研究会」や「クラフトツーリズム産業協議会」などもすべてグリーン・クラフト・ツーリズムやクラフト・ツーリズムと表記している。

なお，本書は，長崎県立大学学術研究会から刊行された竹田英司（2022）『地域再生に関する産業観光研究：波佐見・多治見・有田のやきもの産地』（非売品・査読あり）を再編集したものである。

目次

まえがき　　iii

初出一覧　　v

第1章　やきもの産業のイノベーションと未来……………………1

1. やきものと地場産業伝統産業　**1**

2. やきもの産業のイノベーション①
   ：江戸時代初期から江戸時代後期まで　**4**

3. やきもの産業のイノベーション②：明治時代から現在まで　**6**

4. やきもの産業のイノベーションと未来　**9**

第2章　長崎県波佐見町における地域再生の歩みと取り組み……**12**

1. 地場産業と伝統産業　**12**

2. グリーン・クラフト・ツーリズムとまちづくり　**14**

3. グリーン・クラフト・ツーリズムの歩み　**16**

第3章　長崎県波佐見町の観光経済と波佐見焼産業…………**26**

1. 長崎県波佐見町の状況　**26**

2. 調査の概要　**32**

3. 調査結果抜粋　**35**

4. 波佐見焼のSTP分析　**38**

5. まとめとフィードバック　**43**

第4章　波佐見焼産業の再生と産業観光‥‥‥‥‥‥‥‥‥‥‥‥‥52

1. 研究課題　52

2. 先行研究の整理　55

3. 学術的問いと検証方法　63

4. 検証結果（1）
   ：いまも波佐見焼の生産は減少し続けているのだろうか　63

5. 検証結果（2）
   ：波佐見町を訪れる観光客にはどのような特性があるのだろうか　69

6. 検証結果（3）
   ：いま波佐見焼は消費ニーズと合っているのだろうか　71

7. 検証結果（4）：なぜいまグリーン・クラフト・ツーリズムなのか　76

8. 考察：生産地の産業観光化と地方創生　81

9. 結論　84

第5章　佐賀県有田町の観光経済と有田焼産業‥‥‥‥‥‥‥‥88

1. 佐賀県有田町の状況　88

2. 調査の概要　93

3. 調査結果抜粋　96

4. 有田焼のSTP分析　99

5. まとめとフィードバック　102

第6章　有田焼産業の再生と産業観光‥‥‥‥‥‥‥‥‥‥‥‥111

1. 研究課題　111

　2. 先行研究の整理　　113

　3. 学術的問いと検証方法　　119

　4. 検証結果（1）
　　：いまも有田焼の生産は減少し続けているのだろうか　　120

　5. 検証結果（2）
　　：いま有田町を訪れる観光客にはどのような特性があるのだろうか　　127

　6. 検証結果（3）
　　：いま有田焼は観光客の消費ニーズと合っているのだろうか　　130

　7. 考察：ふるさと納税額と「地域の稼ぐ力」（地域の移出産業）　　132

　8. 結論　　134

第7章　岐阜県多治見市の観光経済と美濃焼産業 ……………138

　1. 岐阜県多治見市の状況　　138

　2. 調査の概要　　143

　3. 調査結果抜粋　　146

　4. 美濃焼のSTP分析　　149

　5. まとめとフィードバック　　152

第8章　美濃焼産業の再生と産業観光…………………………160

　1. 研究課題　　160

　2. 先行研究の整理　　163

　3. 学術的問いと検証方法　　167

　4. 検証結果（1）
　　：いまも美濃焼の生産は減少し続けているのだろうか　　167

5. 検証結果（2）
　　：いま多治見市を訪れる観光客にはどのような特性があるのだろうか　　**174**

6. 考察：やきもの生産地における地域ブランド化と産業観光の育成　　**177**

7. 結論　　**180**

第9章　地域再生の産業観光 ……………………………………**183**

1.「地域の稼ぐ力」（地域の移出産業）と地方創生　　**183**

2. 長崎県波佐見町の波佐見焼産業と観光経済　　**187**

3. モノ（波佐見焼）消費の伸び　　**191**

4. 結論　　**198**

あとがき　　**200**

索引　　**202**

第1章
やきもの産業のイノベーションと未来

1. やきものと地場産業伝統産業

　やきものは，土から作る土器・炻器・陶器と石から作る磁器に大別され，陶器・炻器・磁器は陶磁器とよばれている。たとえば，炻器には信楽焼，陶器には瀬戸焼，磁器には有田焼などがある。陶磁器は，食器，茶器，花器，装飾品，衛生陶器，タイルなどに利用されている。本書では，陶磁器製の和飲食器・洋飲食器・台所調理用品を「やきもの」とよび，本書の調査研究対象としている。

　やきもの産業の出荷額は，図1-1に示されたとおり，2019年現在455億円，最盛期1991年2,445億円の19％まで減額していて，過去のなかで最も低い。やきもの産業の事業所数も，2019年現在627軒，最盛期1986年2,456軒の26％まで減少していて，過去のなかで最も少ない。

　本書で取り上げる①多治見市を含む「岐阜県」のやきもの出荷額は，図1-2に示されたとおり，2019年現在220億円，最盛期1985年1,071億円の21％まで減額，最衰期2014年212億円の104％まで回復している。本書で取り上げる②佐賀県有田町を含む「佐賀県」のやきもの出荷額は，図1-2に示されたとおり，2019年現在61億円，最盛期1991年333億円の18％まで減額，最衰期2011年58億円の106％まで回復している。本書で取り上げる③長崎県波佐見町を含む「長崎県」のやきもの出荷額は，図1-2に示されたとおり，2019年現在48億円，最盛期1991年181億円の26％まで減額，最衰期2011年42億円の115％まで回復している。

　やきもの産業において，出荷額（括弧内は出荷額シェア）では，2019年現在，岐阜県220億円（48％），佐賀県61億円（13％），長崎県48億円（11％）の順で多い。最衰期からの出荷額回復率（括弧内は最衰期）では，2019年現

図1-1 やきもの産業の出荷額と事業所数

（注1）従業員数4人以上の製造事業所。
（注2）陶磁器製の和飲食器・洋飲食器・台所調理用品の合計額。
出所：経済産業省（1987；2021）から筆者作成。

図1-2 岐阜県・佐賀県・長崎県のやきもの産業の出荷額

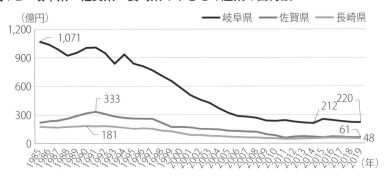

（注1）従業員数4人以上の製造事業所。
（注2）陶磁器製の和飲食器・洋飲食器・台所調理用品の合計額。
出所：経済産業省（1987；2021）から筆者作成。

在，長崎県115％（2011年），佐賀県106％（2011年），岐阜県104％（2014年）の順である。

　地場産業のなかでも，100年以上続く「伝統的」製法で作られたモノが経済産業大臣指定伝統的工芸品である。たとえば，有田焼には，①経済産業大臣指

定伝統的工芸品「伊万里・有田焼」，②経済産業大臣指定伝統的工芸品に該当しない地域産品「有田焼」，③生産地（made in Arita）を指す有田産「有田焼」という3つの有田焼が混在している。さらに「伊万里・有田焼」は，古伊万里様式，柿右衛門様式，鍋島藩窯様式に大別される。混在する3つの有田焼を合わせた通称が伝統工芸有田焼であり，消費者には区別がつきにくい。世の中に1つしかないモノ（美術品または美術品に近いモノ）を作るのが工芸品であり，製品規格を満たすモノ（工業製品）を作るのが地域産品である。本書は，地域産品「波佐見焼」「美濃焼」「有田焼」とその生産地に関する調査研究である。

　100年以上続く「伝統的」製法で作られたという伝統的工芸品産業の振興に関する法律（1974年交付・1992年と2001年一部改正，通称・伝産法）の区分から，たとえば焼成方法では，薪窯やガス窯の一部で還元焼成されたやきものだけが経済産業大臣指定伝統的工芸品「伊万里・有田焼」，電気窯・灯油窯・ガス窯で酸化焼成されたやきものが経済産業大臣指定伝統的工芸品に該当しない地域産品「有田焼」となる。ほかにも，成形方法ではローラーマシーンや圧力鋳込みなど，装飾方法ではパット印刷・スクリーン印刷・銅板紙・転写紙などによって生産されたやきものが経済産業大臣指定伝統的工芸品に該当せず地域産品「有田焼」となり工業製品である。

　前述した3つの有田焼は，1616年に日本で最初に焼かれた磁器が起源である。磁器原料「陶石」になる「石」，陶石をくだいて坏土にする「水」，窯をたく「木」などの材料と，約400年にわたる幾重のイノベーションによって，いまなお，佐賀県の有田町・伊万里市・武雄市・嬉野市・唐津市と長崎県の佐世保市・波佐見町の肥前地域では，有田焼などの肥前磁器が生産されている。

　日本磁器誕生の地である肥前地域は，2016年，日本遺産「日本磁器のふるさと肥前：百花繚乱のやきもの散歩」に認定されている。日本遺産認定後，肥前磁器は肥前窯業圏活性化推進協議会によって，有田焼（有田町）・伊万里焼（伊万里市）・武雄焼（武雄市）・肥前吉田焼（嬉野市）・唐津焼（唐津市）・三川内焼（佐世保市）・波佐見焼（波佐見町）と，生産地別に地域ブランド化が

3

図られている[1]。

　本章では，肥前地域で生産されいてる肥前磁器について，日本で生産が始まった1616年から2021年現在まで，約400年のイノベーションを整理し，やきもの産業でイノベーションが繰り返されてきた背景には，どのような努力や工夫が必要だったかを論じる。

2. やきもの産業のイノベーション①
：江戸時代初期から江戸時代後期まで

　江戸時代初期，日本ではまだ磁器が生産されていなかった。「やきもの」を作る朝鮮人陶工が，1616年，泉山磁石場（佐賀県有田町泉山1-4）で原料となる陶石を発見し，磁器生産が日本で始まった。江戸時代の窯場であった有田皿山は，鍋島藩皿山代官所（佐賀県有田町白川1-4-12）によって管理統制されていた。磁器生産は，当時，鍋島藩（佐賀藩）の潤沢な収入源となっていた。磁器生産を日本で始められたことが，いまから約400年さかのぼった，やきもの産業第一のイノベーションである。

　1646年，酒井柿右衛門が肥前磁器に赤絵を色絵付けしたことによって，それまで藍一色であった肥前磁器が鮮やかな多色塗りとなった。柿右衛門様式の誕生である。大型で華美な肥前磁器は，金・赤・緑・黄などに色絵付けされ，1653年から1757年までの約100年間，オランダ東インド会社（Verenigde Oost-Indische Compagnie，1602年設立）を通じて長崎出島からヨーロッパへ輸出していた。肥前磁器はオランダ東インド会社の厳しい注文もあって，品質が高い（大橋ほか2002・93頁）。当時のやきもの産業は，外貨を稼ぐ輸出産業であった。鮮やかな多色塗りの肥前磁器生産が，いまから約350年さかのぼった，やきもの産業第二のイノベーションである。

　清朝（1644年-1912年）が1684年に貿易禁止令を解いて間もなく，肥前磁

---

(1) 日本遺産「日本磁器のふるさと肥前」には，平戸焼（平戸市）が含まれている。しかし，現在，平戸市で平戸焼を生産している事業所が一定数存在しないので，本書では，平戸焼（平戸市）を除外している。

器は中国磁器にヨーロッパ市場を奪われ，肥前磁器の輸出が減退した。その結果，有田では新たにハンコで模様を押すなど，省力化による価格低減の動きが始まる。17世紀まで磁器を買えなかった国内庶民層をターゲットとした安い磁器を開拓する（大橋ほか2002・94頁）。安い磁器の窯場になったのが長崎県波佐見窯である。中野（2015・79-80頁）によれば，18世紀末の波佐見窯では，大新登り窯（全長約170m・世界第1），中尾上登り窯（全長約160m・世界第2），永尾本登り窯（全長約155m・世界第3）の巨大な登り窯が造られていた。18世紀前半に木器から陶器へ，18世紀後半に陶器から磁器へと段階を踏んで（庶民に）磁器が普及した（大橋ほか2002・96頁，括弧内引用者追記）。いままで磁器が買えなかった庶民でも，磁器を買えるようになったのは18世紀後半である。磁器製日用食器「くらわんか碗」の大量生産が，いまから約250年さかのぼった，やきもの産業第三のイノベーションである。

表1-1　肥前磁器と日本の歴史

磁器の歴史		日本の歴史	
1600年ごろ〜	陶器生産のはじまり	1598年	慶長の役
1616年〜	磁器生産のはじまり	1615年	大坂夏の陣
1646年〜	色絵付けのはじまり	1639年	第5次鎖国令
1653年〜	磁器の輸出期（〜1757年）	1685年	生類憐みの令
1743年〜	くらわんか碗の生産拡大	1736年	享保の改革
1873年〜	磁器の殖産興業	1868年	明治維新
1900年ごろ〜	高級磁器の生産拡大（〜1990年ごろ）	1904年	日露戦争
1950年代〜	業務用食器や割烹食器の生産	1955年	高度経済成長期（〜1970年ごろ）
2004年	肥前磁器の生産地表示問題勃発	1997年	消費税法改正・消費税率5%導入
2016年	肥前磁器の百花繚乱	2014年	消費税法改正・消費税率8%導入

出所：有田焼創業400年事業実行委員会（2016）をもとに筆者作成。

3. やきもの産業のイノベーション②：明治時代から現在まで

　明治政府によって，肥前磁器は殖産興業品として位置づけられ，肥前磁器は再び日本の輸出産業に返り咲いた。鍋島藩（佐賀藩）の庇護が外れた明治期にあって，肥前地域の陶工，絵付師，陶商をまとめたのが株式会社香蘭社（1879年設立）と深川製磁株式会社（1894年設立）である。高級磁器である有田焼の需要は全国の温泉地で発展を遂げたが，さらに都市部でも急速に有田焼の販売額が増額し，戦前期より取引関係にあった三越や高島屋，大丸などの老舗百貨店を中心に，有田の香蘭社や深川製磁などの高級陶磁器に対する需要が戦後進展した（山田ほか2019・10頁）。1905年ごろから1990年ごろまでの百貨店向け高級磁器の生産拡大が，いまから約100年さかのぼった，やきもの産業第四のイノベーションである。

　2004年ごろ，肥前地域でも肥前磁器の生産地表示をめぐる産地偽造問題が取りざたされる。肥前地域で生産される肥前磁器は「有田焼」で流通していたが，2004年以降，肥前磁器は，有田町「有田焼」・伊万里市「伊万里焼」・武雄市「武雄焼」・嬉野市「肥前吉田焼」・唐津市「唐津焼」・佐世保市「三川内焼」・波佐見町「波佐見焼」と，生産地別に流通していき，2016年の日本遺産認定を機に生産地ごとの地域ブランド化はかなり浸透している。これらの肥前磁器のなかでも波佐見焼は，カジュアル・リッチやシンプル・モダンを製品コンセプトにおき，2012年以降，生産量と生産額がゆるやかに回復している。2004年から現在までの肥前磁器百花繚乱が，やきもの産業第五のイノベーションである。

　肥前磁器も含めた陶磁和洋食器の生産地別出荷額シェアは，2019年現在，図1-3に示されたとおり，東濃（岐阜県）48％，肥前（佐賀県と長崎県）24％，萬古（三重県）7％，九谷（石川県）6％，尾張（愛知県）4％の順で高い。

　和洋食器の小売市場は，図1-4に示されたとおり，2016年現在，最盛期1991年3,399億円の19％（636億円）まで減額していて，過去のなかで最も

6

図1-3　陶磁器製和洋食器の生産地別出荷額シェア（2019年）

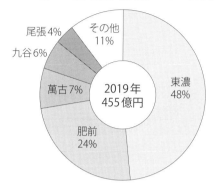

（注1）従業員数4人以上の製造事業所。
（注2）陶磁器製の和飲食器・洋飲食器・台所調理用品の合計額。
出所：経済産業省（2021）から筆者作成。

図1-4　和洋食器の小売市場と卸売市場

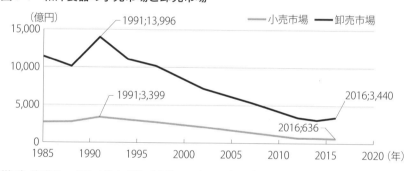

（注1）陶磁器・ガラス器小売業（産業コード6023）の年間販売額を和洋食器の小売市場と読み替えている。
（注2）陶磁器・ガラス器卸売業（産業コード5515）の年間販売額を和洋食器の卸売市場と読み替えている。
出所：経済産業省（1982；2016）『商業統計』各年，経済産業省（2014；2018）『経済センサス：活動調査報告』各年から筆者作成。

市場規模が小さい。和洋食器のエンドユーザーは消費者以外に，外食産業，ホテル産業，小中学校などである。外食産業，ホテル産業，小中学校などへの販売も含まれている卸売市場は，図1-4に示されたとおり，2016年現在，最盛

図1-5 磁器製和洋食器の輸出入額

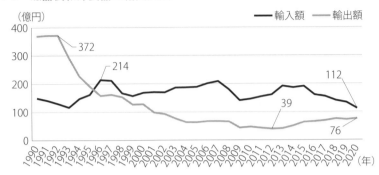

(注) 図中の輸入額と輸出額は、「磁器製の食卓用品・台所用品その他の家庭用品および化粧用品」（貿易統計番号691110と691190の計）である。
出所：財務省関税局「財務省貿易統計」各年から筆者作成。

期1991年13,996億円の25％（3,440億円）まで減額、最盛期2014年の112％（3,440億円）まで回復している。

　磁器製和洋食器の輸入額は、図1-5に示されたとおり、2020年現在、最盛期1996年214億円の52％（112億円）まで減額していて、過去のなかで最も低い。2020年磁器製和洋食器輸入額112億円の輸入相手先は、中国62％（69億円）、タイ13％（14億円）、フランス5％（6億円）、インドネシア5％（5億円）、ドイツ4％（4億円）の順である。

　磁器製和洋食器の輸出額は、図1-5に示されたとおり、2020年現在、最盛期1992年372億円の20％（76億円）まで減額、最衰期2012年39億円の193％（76億円）まで回復している。2020年磁器製和洋食器輸出額76億円の輸出相手先は、中国47％（36億円）、米国9％（7億円）、台湾9％（7億円）、韓国8％（6億円）、香港7％（5億円）の順である。

　佐賀県有田町や長崎県波佐見町では、図1-6のように、地域内分業生産体制によって、それぞれ有田焼や波佐見焼を生産している。たとえば、地域内分業制体制のなかで（括弧内は生産技術の普及時期）、①型屋が担うのは石膏型による鋳込み成形（1927年）、②判子屋が担うのはゴム版絵付け（1930年）、③

図1-6　波佐見焼の地域内分業生産体制

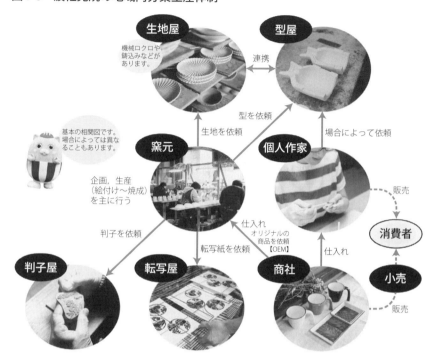

出所：波佐見町商工観光課（2021）19頁「連携プレーの賜物！波佐見焼にまつわる相関図」
　　　に引用者「小売」を加筆。

転写屋が担うのは銅板転写（1907年），④窯元が担うのはスクリーン印刷
（1970年）やガス窯焼成（1965年）などである（普及年は佐賀県立九州陶磁
器文化館常設展による・常設展確認日2022年6月15日）。これら生産技術の
普及が，やきもの産業第四のイノベーションと，やきもの産業第五のイノベー
ションの源泉である。

4. やきもの産業のイノベーションと未来

　磁器の特徴を生かした食器以外のイノベーションに，磁器碍子と磁器点火プ

ラグがある。電信線架設用の碍子には磁器が利用されていて，日本では1871年に香蘭社株式会社（佐賀県有田町）が商品化している。自動車やオートバイ用のNGK製点火プラグにも磁器が利用されていて，日本では1930年に日本碍子株式会社（愛知県名古屋市）が商品化している。

　磁器は，陶器と比べて薄手で軽く，素地が白い。磁器の材料である坏土は，陶器の材料である粘土よりも粘りが少ないので，鋳込み成形に適していた。磁器の鋳込み成形は，陶器のろくろ作業よりも効率よく，手作りの量産が可能であった。これら磁器の製品特徴と手作り量産容易性が，やきもの産業のイノベーションを裏づけしてきた。かくて磁器製食器は，江戸時代初期－現代の「ハレの日用（非日用品）」から，江戸時代後期－現代の「ケの日用（日用品）」まで，生活に欠かせないモノとなった。

　前述したとおり，やきもの産業には大きく5つのイノベーションがあったが，いまから約400年前の意匠も，約350年前の意匠も，約250年前の意匠も，約100年前の意匠も，現在の意匠も，それぞれに個性があり，何百年も前の意匠がいまも使われている生活用品は「やきもの」だけである。

　ここで肥前磁器も含めた国内「やきもの産業」の20年後を未来予想したい。製造業としての国内「やきもの産業」の未来は，①品質の向上，②デザインの開発研究，③付加価値の高揚，④生産の効率化などの製品特異性によって，生き残りを図るしかない。この未来予想は，第1次オイルショック（1973年）を振り返った山本（1976）によるものである。これら①〜④は，山本（1976）同様，アカデミックな立場から先人たちが国内の斜陽産業に対して警鐘を鳴らしてきたし，①〜④は，これからの20年にもあてはまろう。

　1616年から日本で生産が始まった磁器は，食器・茶器・花器・装飾品から碍子・点火プラグまで，現代社会に欠かせないモノとなっている。新型コロナウイルス感染症（COVID-19）収束後，磁器が世の中から消滅することはないであろう。コロナ禍で飲食店の時短営業が続くなか，自宅食などの「巣ごもり消費」が増えている。「食」に「器」は欠かせないものであり，コロナ禍の「巣ごもり消費」で需要が増えているモノが，肥前磁器をはじめとする食器で

ある。

❓ 考えてみよう

(1) 任意の地域産品について，図1-3を参考に，生産地別の出荷額シェアを調べ，地域産品の特徴を考えてみよう。

(2) 任意の地域産業について，表1-1を参考に，歴史的な変化推移を調べ，生産品目の変化要因を考えてみよう。

【参考文献】

有田焼創業400年事業実行委員会（2016）「有田焼の未来を拓く」。

大橋康二・松尾宏也（2002）『窯別ガイド日本のやきもの：有田・伊万里』淡交社。

神埼宣武（2021）『47都道府県・やきもの百科』丸善出版。

経済産業省（2014；2018）『経済センサス：活動調査報告』経済産業調査会。

経済産業省（1987；2021）『工業統計調査品目編』経済産業調査会。

経済産業省（1982；2016）『商業統計表産業編』経済産業統計会。

佐賀県立九州陶磁器文化館（2009）「有田焼ものしりブック」第5版。

財務省関税局「財務省貿易統計」（https://www.customs.go.jp/）。

鶴哲聡・村井慶治（2020）「やきものハンドブック」日本磁器卸商業協同組合連合会。

中野雄二（2015）「波佐見焼の歴史」，長崎県立大学編集委員会編『長崎の陶磁器』長崎文献社，71-83頁。

波佐見町商工観光課（2021）『波佐見ポートレイト』。

山田雄久・吉田忠彦・東郷寛（2019）『戦後日本伝統産業地域の組織変革：有田焼産地における企業者活動の歴史分析』近畿大学経営学部研究叢書第1集。

山本公郎（1976）「陶磁器産業の現状と将来」，精密工学会『精密機械』42（492），47-50頁。

第2章
長崎県波佐見町における地域再生の歩みと取り組み[(1)]

1. 地場産業と伝統産業

1.1. 地場産業と伝統産業の違い

　日用品を生産する地場産業のなかでも，100年以上続く「伝統的」製法で民芸品や工芸品を作るのが伝統産業である。たとえば，波佐見焼には，①経済産業大臣指定伝統的工芸品「波佐見」，②経済産業大臣指定伝統的工芸品に該当しない地域産品「波佐見焼」，③生産地（made in Hasami）を指す波佐見産「波佐見焼」という3種類の「波佐見焼」が混在する。伝統的工芸品産業の振興に関する法律（1974年交付・1992年と2001年一部改正，通称・伝産法）第2条による経済産業大臣指定伝統的工芸品の要件は，次のとおりである。①主として日常生活の用に供されるものであること。②その製造過程の主要部分が手工業的であること。③伝統的な技術または技法により製造されるものであること。④伝統的に使用されてきた原材料が主たる原材料として用いられ，製造されるものであること。⑤一定の地域において10社以上または30人以上がその製造に従事していること。以上のように，伝産法に基づき，100年以上続く「伝統的」製法で，一定数の生産者によって作られた民芸品や工芸品が経済産業大臣指定伝統的工芸品である。

　100年以上続く「伝統的」製法で作られたという伝統的工芸品産業の振興に関する法律の区分から，たとえば焼成方法では，薪窯やガス窯の一部で還元焼成されたやきものだけが経済産業大臣指定伝統的工芸品「波佐見焼」，電気窯・灯油窯・ガス窯で酸化焼成されたやきものが経済産業大臣指定伝統的工芸

（1）本章は，新型コロナウイルス感染症（COVID-19）拡大前の2019年調査結果である。

品に該当しない地域産品「波佐見焼」となる。ほかにも，成形方法ではロー
ラーマシーンや圧力鋳込みなど，装飾方法ではパット印刷・スクリーン印刷・
銅板紙・転写紙などによって生産されたやきものが経済産業大臣指定伝統的工
芸品に該当せず，地域産品「波佐見焼」となり工業製品である。

　世の中に1つしかないモノ（美術品または美術品に近いモノ）を作るのが工
芸品であり，製品規格を満たすモノ（工業製品）を作るのが地域産品である。

　本書は，地域産品「波佐見焼」「美濃焼」「有田焼」に関する調査研究であ
る。

1.2. 期間限定の工房開放化と訳あり商品特売

　近年，地場産業の生産地では，工房のショップ化（製造小売化）や工房の開
放化（オープン・ファクトリー化）によって，消費者が「来て」「みて」「学ん
で」「体験して」「お金を使う」経済行為の提供に取り組んでいる。工房の
ショップ化や工房の開放化は，金属食器生産地の新潟県燕市と新潟県三条市，
ハンドバッグと小物入れ生産地の東京都台東区や東京都墨田区でもみられる業
態変化である。新潟県燕市と新潟県三条市では「工場の祭典」（第1回2013年
10月），東京都台東区では「台東モノマチ」（第1回2011年5月），東京都墨田
区では「墨田スミファ」（第1回2012年11月）という期間限定の工場開放化
が開催されている。

　JTB総合研究所（2018）では，webアンケート調査（回答数1,595）から，
「燕三条工場の祭典」「台東モノマチ」などの知名度と訪問回数を調べ，消費者
は「生産地で歴史や技術の背景を聞き，見学したい」47%（複数回答）とい
う調査結果を得ている。

　期間限定の工場開放化は，そのトキ・その場でしか味わえない心トキめくコ
トやモノに価値を感じてお金を使う「トキ消費」の一種である[2]。佐賀県有田

---

(2) トキ消費とは，博報堂生活総合研究所が2017年から提唱しているモノとコトに続
　く消費潮流であり，トキ消費の3要件は，非再現性・参加性・貢献性である（夏山明
　美（2020）「アフター・コロナの新文脈：博報堂の視点」13より）。

町の「有田陶器市」（第1回1915年・2019年来場者数126万人），岐阜県土岐市の「土岐美濃焼まつり」（第1回1976年・2019年来場者数14万人），長崎県波佐見町の「波佐見陶器まつり」（第1回1959年・2019年来場者数32万人）もトキ消費の一種で，期間限定の訳あり商品特売（アウトレット・セール）が開催されている。

2. グリーン・クラフト・ツーリズムとまちづくり

2.1.「波佐見焼」誕生の経緯

　長崎県波佐見町は，やきもの産業と農業を営んできた町である。日本でやきものが作られて約400年，庶民の「器」を作り続けてきたのが波佐見町である。佐賀県の有田町・伊万里市・武雄市・嬉野市・唐津市と，長崎県の佐世保市・平戸市・波佐見町からなる肥前地域は，2016年，日本遺産「日本磁器のふるさと肥前」に認定されている[3]。陶磁器製和洋食器・2019年455億円の出荷額シェアは，岐阜県48％，佐賀県13％，長崎県11％の順で高く，佐賀県と長崎県を合わせた肥前地域の陶磁器製和洋食器の出荷額シェアは24％である。

　波佐見町で生産された「やきもの」は，江戸時代，伊万里港から北前船で日本中に出荷されていた。他方，柿右衛門に代表されるように有田町で焼かれた「やきもの」は，江戸時代唯一の貿易港長崎に送られ，オランダ東インド会社（Verenigde Oost-Indische Compagnie，1602年設立）を通じて海外へ輸出されていた。柿右衛門に比肩する優れた名工の輩出や技術の開発が波佐見焼で見られなかったのは，市場条件の差である（市川1978・280頁）。

　明治近代以降の波佐見焼は，「有田焼」の名で有田駅（1897年開業）から日

---

(3) 日本遺産「日本磁器のふるさと肥前」に認定されている波佐見町の技術・食べ物・祭りなどの文化財は，波佐見町教育委員会（2021・98頁）によれば，次の8件（括弧内は指定文化財の種類）である。①肥前波佐見陶磁器窯跡（国史跡），②知恵治窯跡（県史跡），③陶郷・中尾山（県景観資産），④福重家住宅主屋・旧福幸製陶所（国登録有形文化財），⑤波佐見の生地成形技術，⑥冷汁（未指定），⑦陶祖祭（未指定），⑧波佐見陶器まつり・桜陶祭（未指定）。

本中に出荷された。1897年ごろから2003年ごろまでの約100年間，有田町で高級食器「有田焼」を生産し，波佐見町で日用食器「有田焼」を生産し続けてきた（波佐見焼振興会2018・109頁）。しかし2004年に転機が訪れる。

　2004年当時，波佐見町で生産された「やきもの」は，すべて「有田焼」で出荷していた。2004年に魚沼産コシヒカリ偽装表示事件，讃岐うどん偽装表示事件，ハンナン牛肉偽装事件などの産地偽造問題が起こり，肥前地域として地域ブランド「有田焼」樹立を提案した。しかし，「有田焼」は有田町のものだという意見があり，地域ブランド「有田焼」樹立は困難になった。波佐見町で生産する「やきもの」を「波佐見焼」で出荷すべく戦略を方向転換させた（波佐見焼振興会2018・109頁）。「波佐見」ブランドで勝負することに対して，当時，売り先の百貨店やスーパーから強い反対を受けた。百貨店やスーパーで「波佐見焼」が売られるまでに約10年もかかっている。

2.2. 民間主体のまちづくり

　一瀬政太氏（波佐見町長・当時）が2001年から「来なっせ100万人」をスローガンに掲げている[4]。井手修身氏（2004年当時，定期刊行物『観光会議きゅうしゅう』編集長）が，2004年，アートデザイン村構想を作成した。アートデザイン村構想は，若い人が自由にモノづくりできる場所，販売や展示ができる場所，訪れた人がやきものづくりを体験できる場所を波佐見町に作る構想だった。しかしアートデザイン村構想を実現するためには，住民の理解や行政手続きなどの時間と労力がかかり，進めるのは不可能だった。

　このような行き詰まり感のなか，西海陶器株式会社（波佐見町折敷瀬郷2124）が旧福幸製陶所の敷地5,000㎡と建物を購入して，アートデザイン村構想を「西の原」（波佐見町井石郷2187-4）で実現していくことになった。2006

---

[4] 波佐見町では，やきもの産業の落ち込みによって町内に活気がないなか，町外からたくさんの人に来ていただいて町内を元気にするため，2001年から「来なっせ100万人」というスローガンをとなえ観光産業に力を入れている（長崎県波佐見町公式webページより）。

年当時，いまの「西の原」を西海陶器が明確に描いていたわけではなく，若い人たちに場所を貸し出すことから始めた。山形市から移住した陶芸家・長瀬渉氏が「西の原」で工房を開き，そこに数名のやきものづくりを目指す若者が居候的に集まってきた（現在は「ながせ陶房」（波佐見町井石郷417-2）へ移転）。

　2006年，全国をバイクで回っていた故・岡田宏典氏（東京都内出身）が「西の原」でモンネ・ルギ・ムック（カフェ店）を始めた。このころ合わせて，花わくすい（雑貨店），モンネ・ポルト（雑貨店）がオープンしている。岡田宏典氏（2006年当時30歳）ら若い人は，「長い年月をかけてできた古い製陶所建築物にこそ，ほかと差別化できる価値があり，新しく建てる建物には魅力がない」と強い信念を持っていた。その「西の原」は，2012年，国登録有形文化財に認定された。そして，岡田宏典氏ら若い人たちが築き上げた「西の原」は，2019年現在，1年間で15万人が訪れるまでに成長している。

3. グリーン・クラフト・ツーリズムの歩み

3.1. 農業観光（グリーン・ツーリズム）の歩み

　1997年をピークに波佐見焼の売上は落ち込んだ。やきもの産業の将来に不安を感じていた2001年ごろ，日本国内に農村回帰の動きが出てきて，農業観光（グリーン・ツーリズム）の活動が始まった[5]。波佐見町でも農村回帰とグリーン・ツーリズムの流れに乗り，2001年にグリーン・クラフト・ツーリズム研究会を立ち上げ，2004年3月に特定非営利活動法人グリーン・クラフト・ツーリズム研究会が設立認証された。観光客が来だしていた陶郷中尾山に，特定非営利活動法人グリーン・クラフト・ツーリズム研究会は，2004年，交流拠点「文化の陶四季舎」（波佐見町中尾郷660）を作り，観光客が「文化の陶

---

(5) グリーン・ツーリズムとは，「農山漁村地域において自然，文化，人々との交流を楽しむ滞在型の余暇活動」をいう（農林水産省農村振興局公式webページより）。英国ではルーラル・ツーリズム，グリーン・ツーリズム，フランスではツーリズム・ベール，イタリアではアグリ・ツーリズモ，とよばれている。

表2-1　グリーン・クラフト・ツーリズムの歩み（波佐見町）

年	出来事
1959	第1回波佐見陶器まつり開催
1984	「陶芸の館」完成
1989	第1回陶郷中尾山桜陶祭開催 波佐見町観光協会発足
1990	波佐見陶器まつり開催期間を4月29日〜5月5日に変更
1999	鬼木棚田が全国棚田百選に認定
2000	第1回鬼木棚田まつり開催
2001	グリーン・クラフト・ツーリズム研究会発足 「来なっせ100万人」宣言
2002	第1回陶郷中尾山秋陶めぐり開催 波佐見町新産業協議会発足
2003	「陶芸の館」が観光交流センターとしてリニューアルオープン 株式会社くらわんか設立 「中尾山うつわ処赤井倉」が国登録有形文化財に認定
2004	特定非営利活動法人グリーン・クラフト・ツーリズム研究会設立認証 「文化の陶四季舎」オープン
2005	第1回皿山器替えまつり開催
2006	西の原に「花わくすい」「モンネ・ポルト」「モンネ・ルギ・ムック」オープン 第6回都市と農山漁村の共生・対流開催（九州農政局主催）
2009	「陶農レストラン清旬の郷」オープン 西の原に「イソザキ珈琲」オープン
2010	第6回日本再発見塾イン長崎県波佐見町開催 「はさみ温泉湯治楼」オープン
2011	西の原に「南創庫」オープン 第1回波佐見再発見塾開催
2012	西の原（旧福幸製陶所跡）が国登録有形文化財に認定
2015	西の原に「にぎりめしかわち」「グロッサリーモリスケ」オープン 「ホテルブリスヴィラ波佐見」「ホテルエーゼット長崎波佐見店」オープン
2016	西の原に「氷窯アイスこめたま」オープン
2019	『ミシュランガイド福岡・佐賀・長崎2019特別版』に「陶農レストラン清旬の郷」「アルブルモンド」掲載 クラフト・ツーリズム産業協議会発足
2020	第1回クラフト・ツーリズム産業協議会全国大会開催

出所：筆者作成。

四季舎」で食事や休憩ができるように取り組んだ[6]。

---

(6) 陶郷中尾山一帯は，波佐見焼400年の歴史のなかでも，地域全体がほぼやきもの一色に染まった独特の地勢と，歴史風土をそのままに現代に残している波佐見町内でも独自の個性と雰囲気を持った地域である（一般社団法人波佐見町観光協会公式web

図2-1 「文化の陶四季舎」メニュー

出所：2020年3月2日筆者撮影。

　波佐見焼について，特定非営利活動法人グリーン・クラフト・ツーリズム研究会と有志たちは，波佐見の歴史から学び直し，波佐見焼とは何かを追求した。江戸時代，波佐見町には全長世界第1から世界第3までの登り窯があり，波佐見焼は「くらわんか碗」とよばれ，波佐見焼は庶民の「器」として江戸時代の暮らしを豊かにしてきたことや，名工による手仕事少量生産の「有田焼」と職工による手仕事大量生産の「波佐見焼」の違いなどを特定非営利活動法人グリーン・クラフト・ツーリズム研究会が中心となって体系的に整理した。

　波佐見町は，特定非営利活動法人グリーン・クラフト・ツーリズム研究会の設立認証（2004年3月）を境に「生産のまち」から「観光客を受け入れるまち」へと変わってきている。2006年には，廃業した波佐見温泉の再生を目指して，特定非営利活動法人グリーン・クラフト・ツーリズム研究会がプロジェ

ページより）。

図2-2　「陶農レストラン清旬の郷」の名物ピッツァ

出所：2022年1月7日筆者撮影。

クトを立ち上げた。まず波佐見町が源泉を採掘して温泉施設を整備した。次に波佐見町内外から資本金7千万円を募り，補助金7千万円と合わせて「陶農レストラン清旬の郷」（株式会社はさみ温泉ファーム）と「はさみ温泉湯治楼」（株式会社はさみプロジェクト）が創業した。2006年から4年かけていまのビジネスモデルを作り，2009年に「陶農レストラン清旬の郷」，2010年に「はさみ温泉湯治楼」がオープンを迎えるに至った。「陶農レストラン清旬の郷」の名物ピッツァは，『ミシュランガイド福岡・佐賀・長崎2019特別版』（338頁）に掲載されるまでの評価を得ている。

3.2. 産業観光（クラフト・ツーリズム）の歩み

　産業観光（クラフト・ツーリズム）も農業観光（グリーン・ツーリズム）と同じく2004年から活発になった。波佐見町内の窯元と商社が出資して，2003年に株式会社くらわんか（波佐見町井石郷2255-2）を設立した。株式会社くらわんかが，2004年から「陶芸の館」1階の観光物産館「くらわん館」を運営している。観光物産館「くらわん館」では，窯元と商社を合わせた35社が，それぞれの出資にもとづきブースを設けて，商品を出展している。窯元と商社

表2-2 グリーン・クラフト・ツーリズムの取り組み（波佐見町・2019年）

取り組み	取り組み内容	該当数	取り組み事例
山村留学	山村留学の実施	なし	
自然留学	自然教室・自然観察会等の実施	1	天体観測体験
修学旅行	修学旅行・実習の受け入れ	1	学校法人角川ドワンゴ学園N高等学校
収穫体験	果樹等の収穫体験	5	ニホンミツバチ養蜂体験など
農業体験	農林漁業の体験	9	田植え・稲刈り・酒器絵付け（ザ酒塾）など
加工体験	農林水産物の加工・調理体験	12	無添加味噌作り体験など
工芸体験	モノづくりの体験	13	波佐見焼下絵付け体験など
文化体験	伝統的文化・行事の体験	5	皿山人形浄瑠璃体験など
農家民泊	農家民泊・行事の体験	7	美のり窯（窯家民泊）など
村内めぐり	村内めぐり・祭りの見学	3	ガイドと歩く中尾山路地裏めぐりなど
交流会	交流会・懇親会の開催	1	波佐見朝飯会
郷土料理	郷土料理などの提供	4	文化の陶四季舎「はさみ焼御膳」など
地元イベント	地元でのイベント・大会を開催	25	波佐見陶器まつりなど
都市イベント	都市でのイベント・物産展に出展	4	テーブルウェア・フェスティバルなど
特産品販売	特産品・地域産品の地元販売	4	くらわん館など
特産品宅配	特産品・地域産品の宅配	4	くらわん館など
広報送付	広報・PRパンフレットの送付・配布	2	波佐見町観光協会など
オーナー	田畑・樹木などのオーナー制度	なし	
貸し農園	貸し農園・市民農園の整備・運営	なし	
体験施設	体験施設の整備・運営	1	西の原ボルダリングスタジオ833WALL
宿泊施設	宿泊施設の整備・運営	2	ホテルブリスヴィラ波佐見など
物販施設	物産販売施設の整備・運営	67	くらわん館など
飲食施設	飲食施設の整備・運営	27	文化の陶四季舎など
レジャー施設	レジャー施設の整備・運営	2	ミナミ田園パークなど
休憩施設	休憩・休養施設の整備・運営	2	はさみ温泉湯治楼など
文化施設	文化施設の整備・運営	5	波佐見町歴史文化交流館など
空家利用	空家・廃校等の利用・斡旋	5	西の原（旧福幸製陶所利用）など

（注1）表中の取り組みは，観光客が参加できる取り組みに限定している。
（注2）「都市イベント」は，企業個別の物産展や展示会は該当数に入れていない。
出所：十和田（2011）116頁，表7-1「グリーン・ツーリズムの取り組みメニューの分類」（本書第4章・表4参照）に従って，特定非営利活動法人グリーン・クラフト・ツーリズム研究会，一般社団法人波佐見町観光協会，波佐見焼振興会，はさみ観光ガイド協会へのインタビュー調査の結果，および波佐見町観光協会（2019a；2019b）から筆者作成。

が株式会社くらわんかにブース代を支払うビジネスモデルである。このビジネスモデルは，商品の売り上げにかかわらず管理費用が賄え，商品出展者である窯元や商社は品ぞろえを充実させることで自社の売上額が増えていく仕組みである。株式会社くらわんかでは，利益のほとんどを補助金として波佐見町内の各イベントに出資している。

　波佐見焼の窯元と商社は，「波佐見」ブランドを高めるため，毎年2月に東京ドームで開催されるテーブルウェア・フェスティバル（テーブルウェア・フェスティバル実行委員会主催・第1回1993年）へ出展している。テーブルウェア・フェスティバル2019（2019年2月3日〜2月11日開催・来場者数28万人）では，特集企画「彩の食卓カジュアル・リッチ：波佐見焼」が組まれ，アイユー，石丸陶芸，一龍陶苑，一真陶苑，永峰製磁，光玉陶苑，西海陶器，重山陶器，翔芳窯，正光窯，清山，丹心窯，西山，白山陶器，浜陶，ふじた陶芸，利左エ門，和山の18社が出展した。テーブルウェア・フェスティバルでは，長崎県の支援を受けて「波佐見焼」ブースを設けている。各社が1年かけてコンセプトを練り商品を作る。その結果，それぞれの窯元や商社で個性ある商品が出展されるが，「波佐見焼」としての統一感は出ている。ここ数年では「波佐見」ブランドが消費者に受け入れられて，テーブルウェア・フェスティバルのなかでは，「波佐見焼」ブースが集客あるブースの1つになっている。

3.3. 波佐見町における産業観光の課題

　日本各地には，歴史的価値や文化的価値を有し，手仕事の地場産業ともいうべきクラフト産業の生産地がある。クラフト・ツーリズムとは，手仕事の地場産業と産業観光を組み合わせて，新しい商品価値を創発し，国内外に情報発信していく取り組みである（クラフト・ツーリズム産業協議会公式webページより）。波佐見町における産業観光の課題は，次の3点に集約できる。

① 「波佐見」（波佐見町と波佐見焼）の知名度は，九州地方で高いが全国的にまだ低い。

② 　波佐見町には，a.波佐見焼作陶体験のコンテンツ，b.外国語対応も含めて

案内するガイド，c.観光プロモーションなどが不足している。

③　波佐見町の波佐見焼工房直営店は，平日しか営業していない（土日祝は営業していない）。その一方で，消費者が波佐見町にやってくるのは土日祝が多い。需要者である消費者と供給者である波佐見焼工房直営店の間に，ズレが生じている。

　しかし2020年ごろから，波佐見焼工房のショップ化（製造小売化）が始まり出していて，土日祝が営業日，水曜日が定休日に変わっている。2022年現在，消費者と波佐見焼工房直営店の間に生じていた需要と供給のズレは，解消しつつある。

3.4. 波佐見町における産業観光の可能性

　波佐見町では，2001年から「来なっせ100万人」を合言葉に，消費者の拡大を目指し，農業とやきもの産業での農業体験と作陶体験を組み合わせたグリーン・クラフト・ツーリズムを推進してきた。消費者にとって波佐見町は「やきものを生産・販売する町」から「訪れる価値のある町」に変わり始めている。波佐見町内でも観光まちづくりの機運が高まってる。とくに2015年以降，波佐見町の宿泊延客は，図2-3左目盛りのとおり，2019年現在，2014年2,355人の19倍（45,558人）まで増えている。日本国内で訪日外国人旅行者数が増えた影響を受けて，波佐見町の外国人宿泊延客数も，図2-3右目盛りのとおり，2019年現在，2014年28人の60倍（1,674人）まで急激に増えている。

　日本の2019年訪日外国人旅行者3,188万人のうち，中国・韓国・台湾・香港は，図2-4左図のとおり，70％（2,236万人）を占めている。他方，波佐見町の2019年外国人延べ宿泊客1,674人のうち，中国・韓国・台湾・香港は，図2-4右図のとおり，55％（913人）を占めている。これから訪日外国人旅行者が増えれば，波佐見町でも外国人宿泊延客が増えるであろう。

　波佐見町では，中国・韓国・台湾・香港の海外個人旅行者（FIT; Foreign Independent Travel）向けに，日帰りと宿泊の農業体験コースや波佐見焼作陶体験コースなど，高単価・滞在コンテンツの開発と実施が必要である。空き家

図2-3　波佐見町の宿泊延客数（左）と外国人宿泊延客数（右）

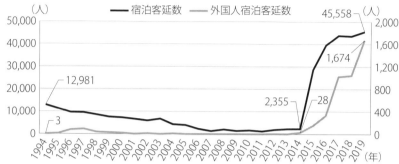

出所：長崎県観光振興課（1995；2019）『長崎県観光統計』各年から筆者作成。

図2-4　日本（左）と波佐見町（右）の2019年訪日外国人旅行者

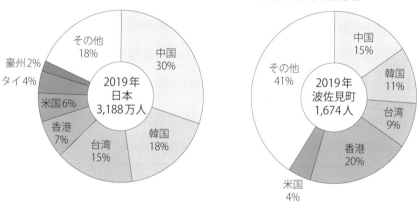

（注）波佐見町（右）は外国人宿泊延客数。
出所：日本政府観光局（2020）と長崎県観光振興課（2020）『長崎県観光統計』各年から筆者作成。

や空き製陶所を使った宿泊施設を中心として，波佐見町全体に小さなビジネスを生み出し，それらをネットワークでつないで観光資源を作り出そうとしている。空き家や空き製陶所を再利用して宿泊施設とし，町全体に点在するサービスと結びつけて観光客をもてなす「アルベルゴ・ディフーゾ（分散した宿）」が波佐見町でも可能か，特定非営利活動法人グリーン・クラフト・ツーリズム

研究会と波佐見町観光協会が検討している[(7)]。

? 考えてみよう

(1) 任意の地域ついて，図2-3を参考に，日帰り観光客と宿泊観光客の推移を調べ，観光客の特徴を考えてみよう。

(2) 任意の地域と日本ついて，図2-4を参考に，訪日外国人旅行者の構成を調べ，異なる要因，または類似する要因を考えてみよう。

【参考文献】

一般社団法人波佐見町観光協会（2019a）『とうのう2019春夏保存版：まるごと波佐見体験』。

一般社団法人波佐見町観光協会（2019b）『とうのう2019秋冬保存版：まるごと波佐見体験』。

一般社団法人波佐見町観光協会公式webページ（http://hasami-kankou.jp/）。2022年3月18日アクセス。

一般社団法人波佐見町観光協会公式webページ

市川信愛（1978）「やきもののふるさと：波佐見町」，板倉勝高編著『地場産業の町（上巻）』古今書院，275-287頁。

大木裕子（2012）「有田の陶磁器産業クラスター：伝統技術の継承と革新の視点から」，京都産業大学マネジメント研究会『京都マネジメント・レビュー』21，1-22頁。

経済産業省（2019）『2018年工業統計調査：品目編』経済産業調査会。

クラフト・ツーリズム産業協議会公式webページ（https://www.crafttourism.jp/）。2022年2月15日アクセス。

陶業時報社『陶業時報』2020年3月1日号。

十和田朗（2011）「農山村と観光：グリーン・ツーリズムの実践と課題」，原田順子・十和田朗『観光の新しい潮流と地域』放送大学教育振興会，113-126頁。

内閣府まち・ひと・しごと創生本部「地域経済分析システム（RESAS）」（https://re-

---

(7)「アルベルゴ・ディフーゾ」については，中橋恵（2017）を参照されたい。

sas.go.jp/）。2022年1月18日アクセス。

長崎県観光振興課（1981；2020）『長崎県観光統計』長崎県観光振興推進本部。

長崎県波佐見町公式webページ（https://www.town.hasami.lg.jp/）。2020年2月13日
　　アクセス。

中橋恵（2017）「廃村危機の救世主アルベルゴ・ディフーゾ」，松永安光・徳田光弘
　　編著『世界の地方創生』学芸出版社，49-80頁。

夏山明美（2020）「アフター・コロナの新文脈：博報堂の視点」13，博報堂生活総合
　　研究所（https://www.hakuhodo.co.jp/），2022年2月13日アクセス。

日本政府観光局（2020）「2019年訪日外客統計（暫定値）」（https://www.jnto.go.
　　jp/）。2022年3月4日アクセス。

日本ミシュランタイヤ（2019）『ミシュランガイド福岡・佐賀・長崎2019特別版』。

農林水産省農村振興局公式webページ（https://www.maff.go.jp/j/nousin/）。2022年
　　3月4日アクセス。

波佐見焼振興会（2018）『波佐見は湯布院を超えるか』長崎文献社。

町孝（2018）「波佐見町は湯布院を超えるか?」，波佐見焼振興会編『波佐見は由布院
　　を超えるか』長崎文献社，10-56頁。

第3章
長崎県波佐見町の観光経済と
波佐見焼産業[1]

1. 長崎県波佐見町の状況

1.1. 波佐見町の人口と高齢化率

　5年に1度の国勢調査によれば，波佐見町の人口は，図3-1左目盛りに示されたとおり，1980年15,498人から1990年15,728人まで微増傾向にあったが，1995年15,565人から2020年現在14,291人まで減少傾向にある。波佐見町の人口は，2020年以降も減り続けて，2045年には11,360人になると予測されている。

　65歳以上が人口に占める高齢化率は，図3-1右目盛りに示されたとおり，1980年10％から上昇し続け，1990年には14％に達しているので，波佐見町は1990年から高齢化率14％以上の高齢社会にあった。1990年以降も，波佐見町の高齢化率は上昇し続けていて，2005年には23％まで達しているので，波佐見町は2005年から高齢化率21％以上の超高齢社会に変わっている。2020年現在，波佐見町の高齢化率は32％であり，2045年には37％まで達すると予測されている。他方，15歳未満が人口に占める比率は，図3-1右目盛りに示されたとおり，1980年26％から下降し続け，2020年現在，波佐見町の15歳未満が人口に占める比率は13％であり，2045年には9％まで落ち込むと予想されている。

　2000年に65歳以上の比率と15歳未満の比率が逆転しているので，波佐見町は2000年から少子高齢化社会である。

（1）本章は，新型コロナウイルス感染症（COVID-19）拡大後の2021年調査結果である。

図3-1　波佐見町の人口（左）と高齢化率（右）（2020年現在）

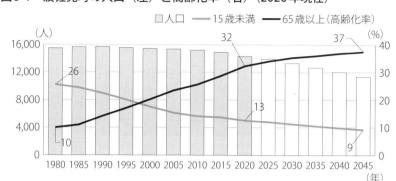

（注）2025年以降の人口は，内閣府まち・ひと・しごと創生本部による推計人口である。
出所：内閣府「地域経済分析システム（RESAS）」からデータを収集し筆者作成。

1.2. 波佐見町の産業構造

　波佐見町全産業のなかで，2016年現在，付加価値額が高い業種は，図3-2に示されたとおり，「波佐見焼」製造業26億円，医療業18億円，「波佐見焼」卸売業14億円，総合工事業11億円，「波佐見焼」小売業7億円の順であった[2]。製造業・卸売業・小売業からなる波佐見焼産業は，波佐見町にとって，地域の大きな特化産業であり，地域の大きな移出産業でもある。地方では，農林漁業・地場産業・観光産業などが，地域の特化産業であり，地域の移出産業である。

1.3. 波佐見観光の観光客数・観光消費額・1人あたり消費額

　『長崎県観光統計』（長崎県観光振興課）における観光客とは，地元・県内・

---

(2) 経済産業大臣指定伝統的工芸品「波佐見焼」は，1630年初頭から現在まで続いている。他方，日用食器「波佐見焼」は，江戸時代「くらわんか碗」，明治時代「伊万里焼」，大正時代・昭和時代・平成時代「有田焼」として流通していた。日用食器「波佐見焼」が流通し始めるのは，産地偽造が注目を集め出した2004年以降である。ただし，リーズナブルで使い勝手の良い日用食器「波佐見焼」が流通したのは，2012年以降である。

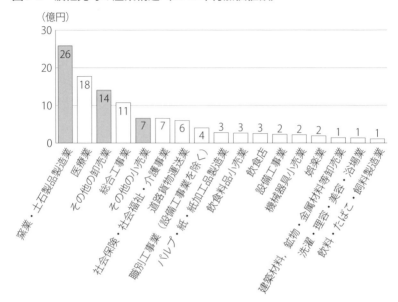

図3-2　波佐見町の産業構造（2016年付加価値値額）

（億円）

窯業・土石製品製造業　26
医療業　18
その他の卸売業　14
総合工事業　11
その他の小売業　7
社会保険・社会福祉・介護事業　7
道路貨物運送業　6
職別工事業（設備工事業を除く）　4
パルプ・紙・紙加工品製造業　3
飲食料品小売業　3
飲食店　3
設備工事業　3
機械器具小売業　2
娯楽業　2
建築材料，鉱物・金属材料等卸売業　2
洗濯・理容・美容・浴場業　1
飲料・たばこ・飼料製造業　1

（注）波佐見町の場合，図中の窯業・土石製品製造業は「波佐見焼」製造業，その他の小売業は「波佐見焼」小売業，その他の卸売業は「波佐見焼」卸売業に該当する。
出所：内閣府「地域経済分析システム（RESAS）」からデータを収集し筆者作成。

県外の日帰り客と宿泊延客の合計である。波佐見町の観光客数は，図3-3左目盛りに示されたとおり，1997年41万人から増加し続け，2019年103万人まで達していた。しかし，COVID-19（新型コロナウイルス感染症・2019年12月中国武漢市発症）拡大の影響を受けて，波佐見町の観光客数は，2020年現在，54万人まで減っている。

　波佐見町の観光消費額は，図3-3右目盛りに示されたとおり，1997年9億円から増加し続け，2019年49億円に達していた。しかし，新型コロナウイルス感染症拡大の影響を受けて，2020年現在，19億円まで減っている。

　新型コロナウイルス感染症拡大の影響を受けて，2020年現在の観光客数と観光消費額は減っているものの，1997年から2019年にかけての観光客数と観光消費額の伸びから，波佐見町は「観光のまち」ともいえよう。

図3-3　波佐見町の観光客数（左）と観光消費額（右）

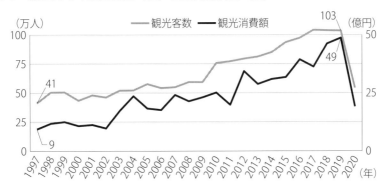

（注1）図中の観光客は，地元・県内・県外の日帰り客と宿泊延客の合計である。
（注2）図中の観光消費額は，交通費・宿泊費・土産購入費ほか・飲食娯楽費の合計額である。
出所：長崎県観光振興課（1998；2021）『長崎県観光統計』各年から筆者作成。

　波佐見観光の1人あたり消費額は，図3-4に示されたとおり，2011年2,580円に著しい落ち込みはあるものの，1997年2,269円から2019年4,703円まで増額傾向にあった。しかし，2020年現在，新型コロナウイルス感染症拡大の影響を受けて，3,524円まで減っている。

図3-4　波佐見観光の1人あたり消費額

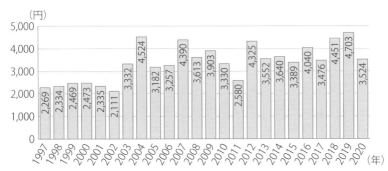

（注1）図中の観光客は，地元・県内・県外の日帰り客と宿泊延客の合計である。
（注2）図中の観光消費額は，交通費・宿泊費・土産購入費ほか・飲食娯楽費の合計額である。
出所：長崎県観光振興課（1998；2021）『長崎県観光統計』各年から筆者作成。

図3-5 波佐見観光の1人あたり消費額（内訳）

（注1）図中の観光客は，地元・県内・県外の日帰り客と宿泊延客の合計である。
（注2）1997年から2008年までの1人あたり消費額（内訳）は公開していないので，1人あたり消費合計額を掲載している。
出所：長崎県観光振興課（1998：2021）『長崎県観光統計』各年から筆者作成。

　2020年波佐見観光の1人あたり消費額3,524円の内訳（100％）は，図3-5に示されたとおり，波佐見焼購入費などの土産購入費1,707円（48％），飲食娯楽費697円（20％），交通費754円（21％），宿泊費365円（10％）である。1人あたり消費額とその内訳から，観光客は，波佐見町へ来て，くらわん館（波佐見町井石郷2255-2）などで「波佐見焼」をおみやげに購入し，氷窯アイスこめたま（波佐見町井石郷2187）や，にぎりめしかわち（波佐見町井石郷2187-4）などで軽食をとっていると推察する[3][4][5]。

　2019年から2020年にかけて，1人あたりの波佐見焼購入費が2019年2,978

---

(3)「くらわん館」は，波佐見町内の商社と窯元を合わせた35社が提供している食器を中心に，地酒や手作り味噌なども販売している観光物産館である。食器は，1つ350円（税込）から購入できる。
(4)「氷窯アイスこめたま」は，原料のお米や卵まで自分たちで生産し，氷窯製法を用いてアイスを手づくりするアイスクリーム専門店である。アイスクリームは，1つ480円（税込）から購入できる。
(5)「にぎりめしかわち」は，波佐見町の農家さんたち営んでいて，波佐見産のお米で作るおにぎりと，自家製みその味噌汁やお新香が食せる。にぎりめしは，1つ200円（税込）から購入できる。

図3-6　自動車利用による波佐見観光の経路探索回数

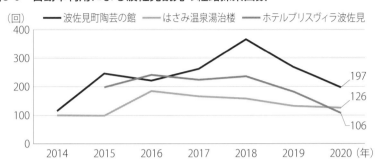

（注1）　図中の経路探索回数は，ナビタイムジャパン「経路探索条件データ」にもとづく。
（注2）　波佐見観光の交通手段は「自動車」が多いので，図中の経路探索回数は「自動車×休日」「自動車×平日」で抽出した合計回数である。
出所：内閣府「地域経済分析システム（RESAS）」からデータを収集し筆者作成。

円から2020年1,707円まで1,271円も減額した影響を受けて，波佐見観光の1人あたり消費額は2019年4,703円から2020年3,524円まで1,179円も減額している。

　自動車利用による波佐見観光の経路探索回数は，図3-6に示されたとおり，2020年現在，波佐見町陶芸の館（くらわん館）197回，はさみ温泉湯治楼126回，ホテルブリスヴィラ波佐見106回，の順で多い[6]。しかし，新型コロナウイルス感染症拡大前の2019年から経路探索回数は減っている。自動車利用による波佐見観光の2020年経路探索回数は，図3-6に示された，波佐見陶芸の館（くらわん館），はさみ温泉湯治楼，ホテルブリスヴィラ波佐見から以下，西の原89回，やきもの公園80回，白山陶器本社ショールーム74回と続く。自動車利用の経路探索回数から，消費者は，①波佐見焼購入目的で波佐見町陶芸の館（くらわん館），②温泉入浴目的ではさみ温泉湯治楼，③宿泊目的でホテルブリスヴィラ波佐見と，目的別に波佐見観光へ来ていると推測する。

（6）　株式会社くらわんかが，2004年から「陶芸の館」（波佐見町井石郷2255-2）1階の観光物産館「くらわん館」を運営している。

2. 調査の概要

2.1. 調査の背景

　長崎県波佐見町は，波佐見焼産業や，鬼木棚田をはじめ，温泉，史跡，農産品などの地域資源に恵まれている。これらの地域資源を活用した体験型観光が波佐見町内各事業所で提供されている。波佐見町観光協会を核に，各事業所・波佐見町観光協会・波佐見町役場が，観光施設の整備充実や観光情報の発信を図っている。農業観光と産業観光を合わせた体験型観光が，グリーン・クラフト・ツーリズムである。

　波佐見町では，これまでも「来なっせ!100万人」をスローガンにあげ，消費者の拡大と地域経済の再生に取り組んできた。新型コロナウイルス感染症収束後は，ますます高まっていく個人観光×体験型観光に，各事業者が対応する必要がある。

2.2. 調査の目的と意義

　波佐見町では，農業観光と産業観光を合わせたグリーン・クラフト・ツーリズムを推進していて，消費者の拡大と地域経済の再生に取り組んでいる。本調査の目的は，波佐見観光における「波佐見焼」市場を把握し，どうすれば「波佐見焼」が売れるかを検討するためのデータ収集である。波佐見観光における「波佐見焼」市場を把握するという点で，この調査結果は，波佐見観光だけにとどまらず，国内の「波佐見焼」市場を推測する有益な情報となろう。調査の概要は，以下のとおりである。

- 調査対象（母集団）‥‥波佐見町観光客
- 調査数‥‥1,779組4,496人
- 調査方法‥‥アンケートによる標本調査
- 調査期間‥‥2021年3月28日〜2021年12月23日
- 調査場所‥‥西の原（波佐見町井石郷2187-4）とくらわん館（波佐見町井石郷2255-2）
- 調査項目‥‥図3-7参照

34

図3-7 アンケート票と調査項目

波佐見焼 市場調査 〈長崎県立大学地域産業研究室〉

Q1 あなた自身についてお聞きします。

性別	男性・女性	年齢	①1~10代 ②20代 ③30代 ④40代 ⑤50代 ⑥60代以上（都道府県）
居住地域	①佐世保 ②長崎県 ③福岡県 ④その他（　）		
同行人数	本人含む（　）人		

Q2 本日は、どなたと来られましたか。
1.ひとり　2.夫婦だけ　3.家族（未就学児以外）　4.友人
5.仕事仲間・同僚　6.地域の団体　7.彼氏彼女　8.その他（　）

Q3 今回、波佐見町で１人あたりいくら使いましたか、いくら使う予定ですか。

男性雑貨購入	飲食費	その他の飲食土産	交通費	宿泊費
1人あたり（　）円	1人あたり（　）円	（　）円	1人あたり（　）円	1人あたり（　）円

Q4 今日あなたが波佐見焼を買った理由について、あてはまるものを全て○で囲ってください。
1.買っていない　2.自園団の手土産　3.デザインの良さ　4.品質の良さ　5.普段用
6.引い出る　7.その他（　）

Q5 今日あなたが波佐見焼を買わなかった理由について、あてはまるものを全て○で囲ってください。
1.ひとり　2.予約が付かかった　3.デザインが気に入らなかった　4.品質が高かった
5.ほしいブランドが無かった　6.その他（　）

Q6 波佐見町へ来たきっかけについて、あてはまるものを全て○で囲ってください。
1.以前に来たことがある　2.Facebook　3.インスタグラム
4.ツイッター　5.Youtube　6.web サイト　7.テレビ　8.雑誌　9.新聞
10.ラジオ　11.クチコミ　12.その他（　）

Q7 今日を入れて何回波佐見町に来られたことがありますか。1つだけ○で囲ってください。
1.はじめて　2.2回　3.3~4回　4.5回以上　5.10回以上　6.波饗住民のための多数

Q8 波佐見町で、今回、行かれたところ・行く予定のところ、全て○で囲ってください。
1.特に無い　2.2回　3.波佐見焼振興子つり　3.波佐見観光協会子　4.その他（　）
5.陶芸記　6.西の原　7.器体体験村　8.西の新　9.その他の駅

Q9 波佐見町を知らない友人たちに、オススメの波佐見町ブランドを教えてください。
オススメの波佐見町ブランドを教えてください。

Q10 波佐見町を知らない私たちや友人に、オススメの遠満場所を教えてください。
※社見町でオススメの遠満場所を教えてください。

Q11 波佐見町まで来られた主な交通機関について、1つだけ○で囲ってください。
1.自家用車　2.レンタカー　3.タクシー　4.貸切（観光）バス　5.路線バス
6.高速バス　7.バイク　8.徒歩・自転車　9.JR　10.その他（　）

Q12 波佐見町外で、今回、行かれたところ・行く予定のところ、全て○で囲ってください。
1.特に無い　2.有田町　3.田楽町　4.伊万里町　5.嬉野市
7.佐世保・ハウステンボス　8.長崎市　9.長崎市　10.その他（　）

Q13 あなたにとって、波佐見町に足りないものを全て○で囲ってください。
1.便利な公共交通　2.飲食店　3.都内案内内図　4.周辺地観光ツアー　5.宿泊施設
6.各種施設　7.その他（　）

Q14 今回の波佐見観光について、あてはまるものを1つ○で囲ってください。
1.満足している　2.あまり満足しなかった　3.やや満足した　4.満足した

Q15 波佐見町へ来られた目的について、あてはまるものを全て○で囲ってください。
1.波佐見焼の購入　2.波佐見焼の鑑賞　3.持風景（波佐見町の）の購入　4.自然探訪
5.食・グルメ　7.人との交流　8.景色人浴　9.ビクニス
10.イベント　11.思い込み　12.その他（　）

Q16 今回、波佐見町に滞在した時間の滞在する予定時間を教えてください。(2時間 → 120分)
思んで（　）　りかくらい（　）

Q17 今回、波佐見町へは日帰りですか、それとも宿泊ですか。
1.日帰り　2.1泊3日（宿泊先：　　　市町村・ホテル名　　）

Q18 焼き物以外の波佐見町の魅力について、あてはまるものを全て○で囲ってください。
1.豊かな自然　2.穏やかな時間　3.イベント　4.食・グルメ　5.ショッピング
6.体験プラン　7.生活スタイル　8.人　9.歴史や文化　10.その他（　）

Q19 波佐見町にまた来たいと思いますか。
リピートしたい　2.リピートしたいとは限らない
リピートしたい・リピートしたい理由（　）
リピートしない・リピートしたくない理由（　）

出所：筆者作成。

3. 調査結果抜粋⁽⁷⁾

●調査結果Q1（回答代表者の性別・年齢層・住所・観光人数）

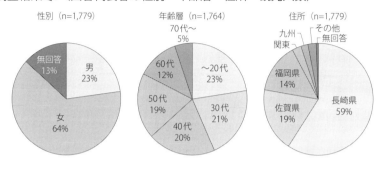

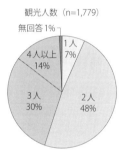

●調査結果Q2（観光形態）　　　　●調査結果Q7（波佐見観光の回数）

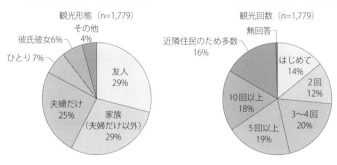

---

(7) すべての調査結果は，竹田（2022）「波佐見観光と波佐見焼の市場調査：2021年度長崎県立大学受託研究成果報告書」を参照されたい。

● 調査結果Q3（1人あたりの波佐見焼購入費（左）・1人あたりの飲食費（右））

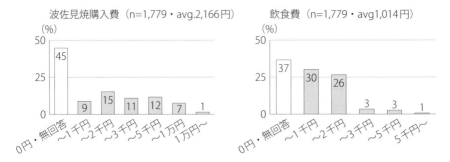

波佐見焼購入費（n=1,779・avg.2,166円）

飲食費（n=1,779・avg1,014円）

● 調査結果Q9（オススメの波佐見焼ブランド/オススメの波佐見焼窯元・複数回答・n=387）

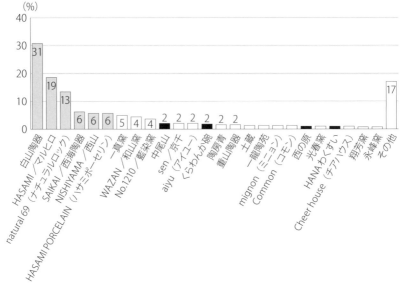

（注1）図中の「オススメの波佐見焼ブランド/波佐見焼窯元」は，無回答1,392組を除外している。

（注2）図中の「中尾山」は波佐見焼窯元が集積している地区名，「くらわんか椀」は波佐見焼の通称，「西の原」はHANAわくすいなどが集積している製陶所跡，「HANAわくすい」は雑貨店であり，波佐見焼ブランドや波佐見焼窯元ではないと推察するが，消費者の認識している「オススメの波佐見焼ブランド/波佐見焼窯元」として，回答のまま記載している。

●調査結果Q10（オススメの波佐見観光スポット・複数回答・n=218）

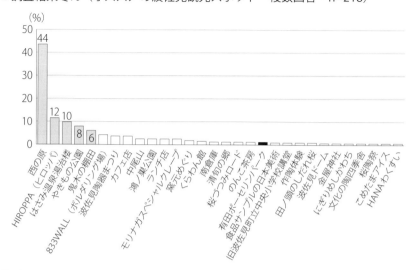

（注1）図中の「オススメの波佐見観光スポット」は，無回答1,451組を除外している。
（注2）図中の「有田ポーセリンパーク」は佐賀県有田町にあるが，消費者の認識している
　　　　「オススメの波佐見観光スポット」として，回答のまま記載している。

●調査結果Q15（波佐見観光の目的・複数回答・n=1,668）

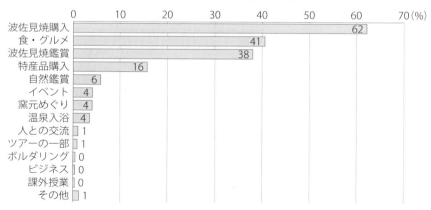

（注）図中の「波佐見観光の目的」は，無回答111組を除外している。

● 調査結果Q16 （波佐見滞在時間・n=1,779）

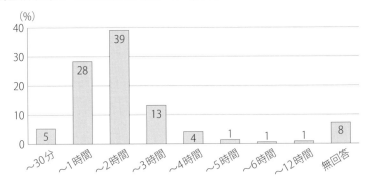

4. 波佐見焼のSTP分析

4.1. どのような客層に波佐見焼を売っていくか①：市場細分化分析

　波佐見焼の購入理由は，調査結果Q4より（本書未掲載），「デザインの良さ」43％（複数回答），「値段の手軽さ」25％（複数回答），「品質の良さ」14％（複数回答），「買い替え」6％（複数回答），「贈答用」3％（複数回答）の順で多かった。

　観光客の波佐見焼購入率は，調査結果Q3の一部（1人あたりの波佐見焼購入費）より，55％（購入982組・未購入797組）であった。波佐見焼購入率55％の内訳は，「30代」12％，「50代」12％，「40代」11％，「～20代」11％，「60代」7％，「70代～」2％の合計である。調査結果のQ1・Q2と調査結果Q3の一部（1人あたりの波佐見焼購入費）から，①「～20代」「30代」の「彼氏彼女」「夫婦だけ」，②「40代」「50代」の「夫婦だけ以外の家族」「友人」に波佐見焼購入者が多い。

　年齢別の1人あたり波佐見焼購入費は，図3-8に示されたとおり，「～20代×～2,000円」7％（117組/1,779組），「30代×～2,000円」5％（95組/1,779組），「50代×～20,000円」5％（86組/1,779組），「40代×～20,000円」4％（76組/1,779組）の順で多い。波佐見焼を購入した消費者には，①～20代×低額商品

図3-8　年齢別の1人あたり波佐見焼購入費（2021年・n=1,779）

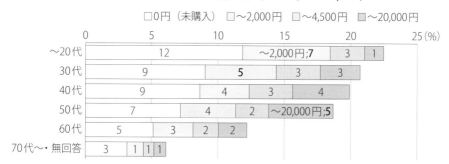

出所：筆者実施によるアンケート調査の結果から筆者作成。

（～2,000円），②30代×低額商品（～2,000円），③40代×高額商品（4,501円
～20,000円），④50代×高額商品（4,501円～20,000円），という4つの大きな
市場があるとわかった。これら4つの市場に対して，3C分析とSTP分析を行
い，どのように差別化していくのか[8][9]。各社のマーケティング戦略に期待し

---

(8) 以下，ITパスポート試験ドットコム（https://www.itpassportsiken.com/・2020年
11月12日アクセス）による。3C分析とは，マーケティング分析に必要不可欠な3要
素である顧客（Customer），自社（Company），競合他社（Competitor）について自
社の置かれている状況を分析する手法である。これら3Cに，Channel（流通），Cost
（費用），Co-operator（協力者）のいずれかを加えて「4C分析」とする場合もある。
(9) 以下，ITパスポート試験ドットコム（https://www.itpassportsiken.com/・2020年
11月12日アクセス）による。STP分析とは，効果的に市場を開拓するためのマーケ
ティング手法である。マーケティングの目的である，自社が誰に対してどのような価
値を提供するのかを明確にするための要素，「セグメンテーション」「ターゲティング」
「ポジショニング」の3つの頭文字をとっている。フィリップ・コトラーの提唱した，
マーケティングの代表的な手法の一つである。
・セグメンテーション（segmentation，セグメント化，市場細分化）‥‥市場における
顧客のニーズごとにグループ化する，市場をセグメントする。様々な角度から市場調
査し，ユーザ層，購買層といった形であぶり出し，明確化していく。
・ターゲティング（targeting，ターゲット選定）‥‥セグメント化した結果，競争優位
を得られる可能性が高い，自社の参入すべき市場セグメントを選定する。選定には，
複数のセグメンテーション軸を組み合わせて行うことが一般的である。その際には，
ターゲットの経済的価値（市場規模，成長性）やニーズを分析することが重要である。
・ポジショニング（positioning）‥‥顧客に対するベネフィット（利益）を検討する。

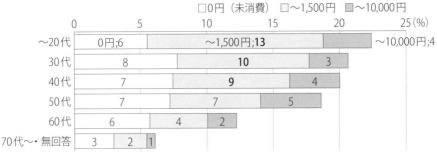

図3-9　年齢別の1人あたり波佐見ランチ消費（2021年・n=1,779）

出所：筆者実施によるアンケート調査の結果から筆者作成。

たい。なお，図3-8データをカイ2乗検定した結果，上述のとおり，年齢層別の1人あたり波佐見焼購入費には偏りがあった（$\chi2(15)=110.096$, $p<0.0000000000000002$）。

　年齢別の1人あたり波佐見ランチ消費は，図3-9に示されたとおり，「～20代×～1,500円」13％（176組/1,779組），「30代×～1,500円」10％（156組/1,779組），「40代×～1,500円」9％（121組/1,779組）の順で多い。波佐見町でランチを食べる消費者には，①～20代向けランチ（～1,500円），②30代向けランチ（～1,500円），③40代向けランチ（～1,500円），という3つの大きな市場があるとわかった。これら3つの市場に対して，どのように差別化していくのか。各社のマーケティグ戦略に期待したい。なお，図3-9データをカイ2乗検定した結果，上述のとおり，1人あたり波佐見ランチ消費には偏りがあった（$\chi2(10)=75.045$, $p<0.000000000005$）。

4.2. どのような客層に波佐見焼を売っていくか②：ターゲット分析

　筆者が過去に収集した2020年波佐見観光788組の1人あたり消費額は3,459

　自らのポジションを確立する。そのためには，顧客のニーズを満たし，機能やコスト面での独自性が受け入れられるかがポイントとなる。

図3-10　波佐見観光の1人あたり消費額（2021年・n=1,779）

出所：筆者実施によるアンケート調査の結果から筆者作成。

円，1人あたり波佐見焼購入費は1,999円であった。図3-10に示されたとおり，2021波佐見観光1,779組の1人あたり消費額は4,341円，1人あたり波佐見焼購入費は2,166円である。筆者実施の調査では，2020年から2021年にかけて，波佐見観光の1人あたり消費額は882円も増えている。

　2020年波佐見観光1人あたり消費額は，『長崎県観光統計』（長崎県観光振興課）3,524円に対して（図3-4），筆者実施によるアンケート調査が3,459円である（図3-10）。波佐見観光1人あたり消費額が2つの調査でほぼ同額だったことから，筆者実施によるアンケート調査の結果は，ある程度，信頼性が高いと推察する。なお，本書執筆の2022年7月1日時点で『長崎県観光統計』は2020年調査結果が最新であり，2021年調査結果は未公開であった。

　筆者実施の調査結果から，2021年波佐見観光の1人あたり消費額が4,341円を上まわる消費者を高額消費者，1人あたり消費額が4,341円を下まわる消費者を低額消費者と区分した。

　高額消費者は図3-10に示されたとおり，全回答者の31％を占めている。高額消費者の1人あたり消費額は10,322円，1人あたり波佐見焼購入費は5,356円であった。

　他方，低額消費者は，図3-10に示されたとおり，全回答者の69％を占めている。低額消費者の1人あたり消費額は1,650円，1人あたり波佐見焼購入費は731円であった。

　前述の市場細分化分析と合わせて，波佐見観光における波佐見焼購入のター

ゲットは，30代を中心に，①30代と40代×高額消費者，②20代と30代×低額消費者であろう。

4.3. どのような客層に波佐見焼を売っていくか③：ペルソナ分析

　STP分析は，①市場細分化（segmentation）分析，②ターゲット（targeting）分析，③自社立ち位置（positioning）分析からなるが，無数ある「波佐見焼」の自社立ち位置分析は，各社にゆだね，本節では，筆者が考える波佐見観光のペルソナ（理想の消費者像）を例示したい。筆者が考える波佐見観光のペルソナ（理想の消費者像）は，アンケート回答番号1151（訪問日2021年12月1日・20代・女性・長崎県在住・彼氏彼女・波佐見観光回数多数・1人あたり消費額21,650円）である。アンケート回答番号1151の観光消費額は，彼氏彼女2人で43,300円（波佐見焼購入費12,000円・飲食費2,400円・土産購入費20,500円・宿泊費0円）であった（調査結果Q3参照）。

　アンケート回答番号1151（長崎県在住・彼氏彼女）は，自家用車で波佐見観光へ来ていて，波佐見町内では西の原・飲食店・波佐見焼販売店，波佐見町外では嬉野市へ行っている。アンケート回答番号1151（長崎県在住・彼氏彼女）は，日帰りで波佐見観光へ来ていて，波佐見町内で5時間も滞在している（調査結果Q16参照）。アンケート回答番号1151（長崎県在住・彼氏彼女）の観光目的は波佐見焼購入とイベント参加（調査結果Q15参照），波佐見観光のきっかけはYouTube波佐見アゲアゲTV，波佐見観光の魅力は豊かな自然，と回答している。

　アンケート回答番号1151（長崎県在住・彼氏彼女）の波佐見焼購入理由は，値段の手軽さ・デザインの良さ・品質の良さ，オススメの波佐見焼窯元は「無し（無回答）」であった（調査結果Q9参照）。アンケート回答番号1151（長崎県在住・彼氏彼女）のオススメ波佐見観光スポットは，鴻ノ巣公園である。

　アンケート回答番号1151（長崎県在住・20代彼氏彼女・波佐見観光回数多数・彼氏彼女2人の消費額43,300円）のような波佐見焼ファンや波佐見観光ファンである熱狂的リピーターに向けて，どのような波佐見焼（モノ）を作り

売るのか，どのような産業観光（コト）を提供するのか，各社のマーケティグ
戦略に期待したい。

5. まとめとフィードバック

5.1. まとめ

　長崎県波佐見町は，波佐見焼産業や，鬼木棚田をはじめ，温泉，史跡，農産
品などの地域資源に恵まれている。これらの地域資源を活用した体験型観光が
波佐見町内各事業所で提供されている。波佐見町観光協会を核に，各事業所・
波佐見町観光協会・波佐見町役場が，観光施設の整備充実や観光情報の発信を
図ってきた。

　新型コロナウイルス感染症収束後は，ますます高まっていく個人観光×体験
型観光に，各事業者が対応する必要がある。新型コロナウイルス感染症収束後
に向けて，消費者の拡大と個人観光客の受入体制強化を図り，「立ち寄ってみた
い」「なにか買ってみたい」「なにか体験してみたい」という「波佐見焼」の産
業観光を各事業所で進めていかねばならない。そのうえで，観光客数の増数で
はなく，波佐見観光の1人あたり消費額（客単価）増額に取り組むべきである。

　波佐見町では，農業観光と産業観光を合わせたグリーン・クラフト・ツーリ
ズムを推進していて，消費者の拡大と地域経済の再生に取り組んでいる。本調
査の目的は，波佐見観光における「波佐見焼」市場を把握し，どうすれば「波
佐見焼」が売れるかを検討するためのデータ収集であった。波佐見観光におけ
る「波佐見焼」市場を把握するという点で，この調査結果は，波佐見観光だけ
にとどまらず，国内の「波佐見焼」市場を推測する有益な情報となろう。

　波佐見町での，①絵付け体験などサービス（無形商品）に価値を感じてお金
を使う「コト消費」，②カジュアル・リッチを商品コンセプトにした波佐見焼
などモノ（有形商品）に価値を感じてお金を使う「モノ消費」，③そのトキ・
その場所でしか消費できない心トキめくモノやコトに価値を感じてお金を使う
「トキ消費」の3つの消費額を増やすことが，波佐見観光の1人あたり消費額

（客単価）増額につながると結論づける。

5.2. 本章の調査報告に対する波佐見町関係者からのフィードバック

① 兒玉盛介2021年度会長（波佐見焼振興会・2022年2月8日筆者インタビュー）

　私どもが2004年ごろから「波佐見」ブランドで波佐見焼を売り出して，最盛期までほど遠いですが，2011年ごろから少しずつ売れてきました。「波佐見」ブランドが市場に浸透するまで10年ほどかかっています。観光のほうも，2004年ごろから「波佐見」ブランドを意識し始めて，少しずつ客数と客単価が増えてきました。地域経済の再生や地域ブランドの浸透には，10年単位の長期で，持続可能な（sustainable）仕組みや仕掛けを作る必要があります。

　コロナ禍やコロナ後を見とおした長期的で持続可能な仕組みや仕掛けとは，各社が自社事業の柱となる本業以外に，小さく始められる副業をいくつか準備して，「波佐見」ブランドを多様化していくことです。波佐見町は，もともと波佐見焼産業に勤めながら兼業農家を営む半農半陶のまちでした。ここ最近では，波佐見焼以外に，私設公園HIROPPA（ヒロッパ）と小売店兼カフェ店を始めたマルヒロ，オープン・ファクトリーと小売店兼カフェ店を始めた藍染窯，小売店兼カフェ店を始めた一誠陶器など，「波佐見」ブランドの広がりや多様化を感じています。

　「波佐見」ブランドの広がりや多様化は，波佐見に新鮮さを生み，新たなお客さまが波佐見へお越しいただき，私どもにとってはビジネスチャンスにつながっています。

② 松下和徳会長（波佐見町観光協会・2022年2月14日筆者インタビュー）

　波佐見町の観光客数は，2017年に100万人を突破して，近年の波佐見町は，観光地としての評価を高めています。しかしながら，コロナ禍のなか，2020年の観光客数は54万人まで減少しています。

　一方で観光客の動向をみると，本章の調査報告によれば，日帰り客が89%，

滞在時間1～3時間滞が85％を占めています。調査報告には，日帰りで滞在時間が3時間以下という波佐見観光の傾向も反映されていました。波佐見観光の消費額は，最も高い2019年でも1人あたり4,703円と低額です。日帰り観光で滞在時間が短く，1人あたり消費額も低いことが，波佐見観光の課題です。

　観光消費額を増やすために必要なことは，いまあるモノやコトの付加価値を高めることはもちろんですが，根本的には，宿泊を含む滞在時間の増量です。

　波佐見観光の目的は，本章の調査報告によれば，「波佐見焼購入」や「食・グルメ」「波佐見焼鑑賞」となっています。「波佐見観光の魅力」は，「豊かな自然」が45％と断トツでした。お客さまが考える波佐見観光の目的と魅力を鑑みて，波佐見町観光協会では，波佐見町と協働でアウトドア事業の開発に力を入れています。

　2021年2月に「HASAMI Camping & Outdoor FESTA」を開催して以来，ミナミ田園エリアに車中泊施設の「ミナミ田園パーク」が開業しました。2021年秋には，鬼木の棚田でキャンプイベントが開催されるなど，現在多くのアウトドア愛好家が，新たなキャンプ地として波佐見町を意識するようになってきています。

　今後，波佐見町が整備するキャンプ施設の開業に合わせて，波佐見焼ではなく，アウトドアやキャンプ体験を求めて波佐見町に訪れるお客さまが増加すると予測しています。宿泊を前提とした新たな客層の取り込みが，観光消費額の増額に繋がると期待しています。

③ 樋渡彩専務（藍染窯・2022年2月18日筆者インタビュー）

　藍染窯は「GOOD LIFE MAKER」を企業理念として，ヒト，コト，モノをとおして笑顔を作り出す「作り手」を目指しています。

　藍染窯の商品づくりに対する想いや，どういう空間で藍染窯の商品を使ってほしいかを提案できる場所として，2018年，直営店「No.1210」がオープンしました。「No.1210」には，たくさんの出会いがあり，その出会いからたくさんのコトやモノが生まれ，藍染窯の従業員はヒトとして成長できました。

藍染窯は，2020年，現在の工場に移転しました。現在の工場は，藍染窯が波佐見焼窯元の新しい未来像でありたいという想いから，工場見学や絵付けワークショップなどを行えるオープン・ファクトリーになっています。若い従業員が楽しく働く姿や，波佐見焼の製造工程など，工場見学や絵付けワークショップを通じて，お客さまに波佐見焼の興味をもっていただきたい。波佐見焼に携わる職人を一人でも多く増やしたいと願っています。

藍染窯も，「No.1210」も，堅苦しい場所にしたくありません。藍染窯は，単なるモノづくりだけではなく，波佐見焼をつうじたライフスタイルを提案し，たくさんの「GOOD LIFE」を作り出していきます。

④ 馬場匡平代表取締役社長（マルヒロ・2022年2月9日筆者インタビュー）

マルヒロは，私の祖父が1957年に長崎県波佐見町で創業した波佐見焼の地域商社です。マルヒロは，自社ブランドで商品を企画販売していて，生産は社外へ発注しています。私が入社した2008年は，倒産寸前の状況でした。2009年から2011年まで，中川政七さん（中川政七商店・奈良市）のコンサルティングを受けて，2010年に立ち上げた新ブランド「HASAMI」のブロックマグが売れました。本章の調査報告でも，お客様に「HASAMI/マルヒロ」と記憶いただいて嬉しく思います。現在，スタッフは22人で，年商は3億円ほどに伸びています。

2021年10月，マルヒロは，波佐見町に私設公園「HIROPPA（ヒロッパ）」をオープンしました。HIROPPA（ヒロッパ）を始めた理由は，3つあります。1つは，中川政七さんのコンサル終了時に，「10年後の目標を決めよう」というお題があり，その当時，私が考えたのは，映画館や飲食店があるような「波佐見パーク」です。2つ目は，2016年に開催した，「ハッピータウン波佐見祭り」という地域イベントです。3つ目は，2016年，私に子供が生まれ，まわりに子供が遊べる公園が少ないと気づき，私の妄想と，私が子供と遊べる公園が一つになって，HIROPPA（ヒロッパ）がオープンしました。

⑤ 川上頌介ナイトマネージャー（ホテルブリスヴィラ波佐見・2022年2月10日筆者インタビュー）

　ホテルブリスヴィラ波佐見は，2022年に開業8年目を迎えました。これもひとえにご誘致いただいた波佐見町さまをはじめ，地域の皆さまによるご支援の賜物と感謝申し上げます。

　当ホテルでも，コロナ禍にもかかわらず，20代のお客さまが増えていることを実感しています。これは町内各事業所さまの積極的な情報発信により，若い世代の方々へ波佐見焼を知っていただけている証左と感じています。

　私たちも，より波佐見町の魅力を実感してもらい，リピーター化につなげる取り組みを行っています。当ホテル館内での波佐見焼の使用や紹介はもちろんですが，新たな魅力づくりとして，株式会社モッコ（城後光代表・波佐見町井石郷1522）さまのご協力をいただき，波佐見で獲れた猪肉の夕食サービスを，2021年夏より開始しました。メニューはいずれも，猪肉の「肉肉しさ」はそのままに，クセがなく食べやすい料理に仕上がっています。また季節ごとのメニューも開発中で，いつリピートしても楽しんでいただけるサービスを目指しています。

　ホテルは「コト」「モノ」「トキ」をトータルに提供できる場だと，私たちは考えます。そういった場として，これからもホテルブリスヴィラ波佐見が波佐見町の皆さまとお客さまをつなぐ架け橋となるよう，さらなる取り組み強化に努めていきます。

⑥ 桑原鉄次2021年度校長（長崎県立波佐見高等学校・2021年10月21日筆者インタビュー）

　長崎県立波佐見高等学校は「県立学校」ですが，町民の皆さまから多大なる支援をいただいていて，「町立学校」と言っても過言ではありません。波佐見高等学校には，普通科のほかに商業科と美術・工芸科があります。波佐見高等学校における学校経営の教育方針は，陶芸教育の精神です。

　美術・工芸科の生徒は，陶芸作品の制作，国史跡・畑ノ原窯跡での焼成体

験，波佐見焼伝統工芸士さんによる絵付け指導を受けます。これらの体験や経験は，生徒の感性を大いに磨いてくれます。波佐見陶器まつりのポスターは，毎年，波佐見高等学校の生徒が制作しています。

　波佐見町の皆さまと一緒に活動することで，生徒は学校で教えないことを学び，学校で学んだことの意義を実感します。そして，生徒は自分の将来を考えるきっかけを得ます。

　波佐見町と連携した取り組みは，生徒の感性を磨き，地元に残る人材の育成につながっています。これからも生徒の感性を磨く教育を発展させていくことで，波佐見町の発展に貢献する人材を育成していきます。

⑦ 木田貞行取締役副社長（長崎キヤノン・2021年10月18日筆者インタビュー）

　長崎キヤノンは，デジタルカメラやネットワークカメラ，プロジェクターなどを生産している会社です。2008年に設立し，2010年から波佐見町で操業を開始しました。創業当時と比べて，波佐見町の観光客が増えていることを私たちも実感しています。

　キヤノンの企業理念は「共生」です。この理念のもと，文化，習慣，言語，民族などの違いを問わず，すべての人類が末永く共に生き，共に働き，幸せに暮らしていける社会を目指し，地域に根ざした企業活動，地域貢献活動を行っています。

　たとえば地域活性化に貢献するため，「波佐見陶器まつり」や「ONSEN・ガストロノミーウォーキングin長崎・波佐見 第3回」に来られる観光客の思い出に写真を撮影してお渡しするフォトサービスを行いました。

　また教育支援のため，波佐見町の小学生を対象に工場見学を行っています。現場をお見せするだけでなく長崎県とカメラのかかわりや，弊社の歴史についてお伝えし，またカメラ工作教室をとおして製品の仕組みを紹介しています。

　このほか，会社周辺や河川の清掃活動，災害時のボランティア派遣も行っています。

　今後も波佐見町住民の方々との交流を大切にして，継続的な地域貢献活動に取り組んでいきます。

⑧ 宮本智美所長（長崎県窯業技術センター・2022年4月5日筆者インタビュー）

　長崎県窯業技術センターは，1930年に陶磁器をはじめとするセラミックス専門の公設試験研究機関として開設しました。開設以来，当センターでは，地場産業の発展と振興のために日々業務を行っています。

　本調査は，観光だけにとどまらず，どうすれば「波佐見焼」が売れるのかについて，客層を分析し，「波佐見焼」市場を推測しています。「良いモノを作れば売れる」「良いモノを求めて消費者が産地へ来る」「その結果，産地が潤う」‥‥そういう時代ではないことは明確です。「これからのモノづくり」では，デジタル技術の導入と「デザイン思考」的な経営感覚がより重要になってくると考えています。当センターとしても，産地の方々と情報交換を密にし，産地へのデジタル技術の導入と「デザイン思考」的な経営感覚の普及に向けた取り組みを進めていきます。

⑨ 小林善輝事務局長（グリーン・クラフト・ツーリズム研究会・2022年2月5日筆者インタビュー）

　波佐見焼を作るときに石膏型を使います。石膏型は100回ほど使うと劣化するので，廃棄していました。大量に廃棄される石膏型は，やきもの産業が抱える大きな問題でした。私たちは，2020年から石膏型を粉砕して，田畑に栄養を与える土壌改良材へリサイクルする地域循環プロジェクトに取り組んでいます。石膏型リサイクル土壌改良材で育ったお米を製粉して米粉にします。その石膏型リサイクル土壌改良材で育った米粉と波佐見町の食材を組み合わせたクッキーを商品化しました。クッキーを波佐見焼の「器」に詰め合わせてお洒落にパッケージングした新しいモノが「陶箱クッキー」（税込3,520円）です。

　本章の調査報告にあったとおり，コロナ禍のなか，若い人が波佐見観光に来

ています。若い人に，「陶箱クッキー」が波佐見観光のおみやげとして受け入れられています。「陶箱クッキー」（毎週土曜日9時から限定販売）だけを買うために波佐見観光へ来られるお客さまもいます。

〔謝辞〕
　アンケート調査実施とフィードバックにご助力いただいた，兒玉盛介2021年度会長（波佐見焼振興会），松下和徳会長（一般社団法人波佐見町観光協会），樋渡彩専務（有限会社藍染窯），馬場匡平代表取締役社長（有限会社マルヒロ），川上頌介ナイトマネージャー（ホテルブリスヴィラ波佐見），桑原鉄次2021年度校長（長崎県立波佐見高等学校），木田貞行取締役副社長（長崎キヤノン株式会社），宮本智美所長（長崎県窯業技術センター），小林善輝事務局長（特定非営利活動法人グリーン・クラフト・ツーリズム研究会）に感謝申し上げる。
　アンケート調査の実施にかかわった黒崎孝希（長崎県立大学2021年度4年生），知北陸（同2021年度4年生），神田翔太（同2021年度3年生），迫新太郎（同2021年度3年生），佐々木里咲（同2021年度3年生），津田真義（同2021年度3年生），屋野夏音（同2021年度3年生）の労をねぎらいたい（敬称略）。

? 考えてみよう

(1) 任意の地域について，図3-3を参考に，観光客数と観光消費額の推移を調べ，観光客の特徴を考えてみよう。

(2) 任意の地域について，図3-5を参考に，観光客1人あたりの消費額を算出し，観光客の消費嗜好を考えてみよう。

【参考文献】

産業観光推進会議（2014）『産業観光の手法：企業と地域をどう活性化するか』学芸出版社。

須田寛（2005）『産業観光読本』交通新聞社。

経済産業省経済産業政策局調査統計部（2021）『2019年工業統計調査（2018年実績）産業細分類別統計表（経済産業局別・都道府県別表）』経済産業調査会。

竹田英司（2022）「波佐見観光と波佐見焼の市場調査：2021年度長崎県立大学受託研究成果報告書」『長崎県立大学論集』55（4），325-354頁。

内閣府まち・ひと・しごと創生本部事務局「地域経済分析システム（RESAS）」（https://resas.go.jp/）。2020年10月4日アクセス。

長崎県観光振興課（1998；2021）『長崎県観光統計』長崎県観光振興推進本部。

波佐見町企画財政課（2018）『第10次波佐見町基本計画』。

波佐見町企画財政課（2020）『波佐見町まち・ひと・しごと創生総合戦略・波佐見町人口ビジョン』。

第4章
波佐見焼産業の再生と産業観光[1]

1. 研究課題

1.1. 研究の背景

　地場産業とよばれる日用品の生産地では，1990年ごろから安価な海外製品との競合や，ライフスタイルの変化によって，現在は生産量，生産額，事業所数がピーク時の半分から1/5程度にまで落ち込んでいる。日本の国土7割を占める農業生産が不利な中山間地域では，江戸時代以来，日用品を生産する地場産業が「地域の稼ぐ力」（地域の移出産業）であったが，地場産業はかつての「稼ぐ力」を失っている。地場産業の生産体制に目を向けると，これまでは地域内分業生産体制によって製品を生産してきたが，環境変化によって事業所数が激減した結果，生き残る生産地と消えゆく生産地の差が顕著に表れている。

　このような環境変化のなか，日本政府は個人観光や着地型観光によって，「地域の稼ぐ力」を育成や再生する地方創生や地域経済再生を推進している。

　モノづくりや農業などのクラフト（手仕事）分野は，都市部の若い世代に選択される職業に変わってきた。若い世代のライフワーク変化に，中山間地域が地場産業を産業観光化して生き残る手立てがあると考えられる。本章では，生産の産業観光化によって，消費者が該当地域での，①農家民泊や絵付け体験などサービス（無形商品）に価値を感じてお金を使う「コト消費」，②カジュアル・リッチやシンプル・モダンを商品コンセプトにした波佐見焼などモノ（有形商品）に価値を感じてお金を使う「モノ消費」，③そのトキ・その場でしか味わえない心トキめくコトやモノに価値を感じてお金を使う「トキ消費」の3

（1）本章は，新型コロナウイルス感染症（COVID-19）拡大前の2019年調査結果である。

つの消費額を増やすことが，「地域の稼ぐ力」の育成や再生につながろう[2]。

1.2. 研究の目的と意義

　生き残る生産地と消えゆく生産地の違いは何か。生産地を産業観光化することによって中山間地域は生き残れるのか。

　これまでの「生き残る生産地と消えゆく生産地」に関する地場産業研究や産業集積研究では，特定地域産業の①要素条件，②需要条件，③関連・支援産業，④事業戦略・競争関係のいずれか，または全てを検証し，そこから導き出される結論は，a.多品種少量生産体制による生産性の向上，b.消費ニーズに合わせた売れる製品の創出，c.新たな付加価値の創造など，モノ消費に対する地域産業振興策でしかなかった。

　本章の目的は，長崎県波佐見町とその波佐見焼産業を生き残る生産地として仮定し，中山間地域の生き残り戦略を検討することにある。

　モノ消費に対する地域産業振興策に留まらず，コト消費・モノ消費・トキ消費をかけ合わせた産業観光振興策を検討する点が本章の学術的新規性である。波佐見焼産業における産業観光化の成功要因を検証することは，中山間地域における地方創生のモデルケースを提示することにつながるであろう。

1.3. 研究対象「波佐見町と波佐見焼」の概要

　長崎県波佐見町（2022年3月31日人口14,381人）は，長崎県北部の中山間地域である[3]。波佐見町は，波佐見焼（日用食器「くらわんか碗（磁器）」）の生産地である。現在の波佐見町は，波佐見町役場企画財政課（2018・21頁）によれば，「窯業から観光窯業へ」と産業構造の変換に取り組んでいる。いま

---

[2] トキ消費とは，博報堂生活総合研究所が2017年から提唱しているモノとコトに続く消費潮流であり，トキ消費の3要件は，非再現性・参加性・貢献性である（夏山明美（2020）「アフター・コロナの新文脈：博報堂の視点」13より）。

[3] 長崎県農山村対策室（2019）によれば，波佐見町では中山間地等直接支払制度にもとづいて13の協定が締結している。

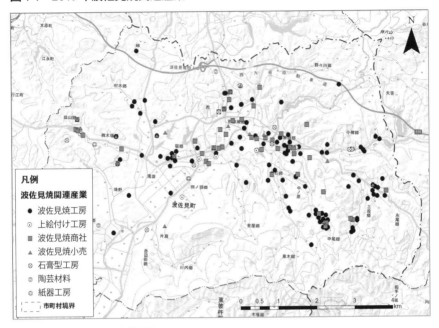

図4-1　2019年波佐見焼関連産業

凡例
波佐見焼関連産業
● 波佐見焼工房
◎ 上絵付け工房
■ 波佐見焼商社
▲ 波佐見焼小売
⊗ 石膏型工房
◉ 陶芸材料
⊖ 紙器工房
▯ 市町村境界

(注)　背景は地理院地図を使用している。
出所：NTTタウンページ（2019）から筆者作成。

　波佐見町では，特定非営利活動法人グリーン・クラフト・ツーリズム研究会
（2001年発足・2004年設立認証），一般社団法人波佐見町観光協会（1989年発
足・2019年法人番号指定），波佐見焼振興会（1981年発足）が中心となって
農業×波佐見焼産業×観光を合わせた着地型観光「グリーン・クラフト・ツー
リズム」に取り組んでいて，半農半窯のライフスタイルを推進している。
　波佐見焼は「伝統的工芸品産業の振興に関する法律」（1974）にもとづいて，
経済産業大臣が1978年に指定した経済産業大臣指定伝統的工芸品である。経
済産業大臣指定伝統的工芸品「波佐見焼」の生産地は，長崎県波佐見町，長崎
県川棚町，長崎県東彼杵町である。NTTタウンページ（2019）によれば，
2019年2月現在，波佐見焼の生産地には，波佐見焼工房148軒，上絵付け工

房8軒，波佐見焼商社45軒，波佐見焼小売21軒，石膏製型工房9軒，陶芸材料7軒，紙器工房4軒の合計242軒が操業している。波佐見焼に関連する242軒の所在は，波佐見町232軒（96％），川棚町10軒（4％），東彼杵町0軒（0％）であり，東彼杵町には，波佐見焼に関連する事業所が無かった。図4-1に示されたなかでも，とくに中央の波佐見町湯無田郷と波佐見町折敷瀬郷に波佐見焼商社，右下の波佐見町中尾郷に波佐見焼工房が集積している。

　波佐見焼産業は，いまも地域内分業生産体制が続いていて，関連する波佐見焼事業所は波佐見町に232軒もある。中山間地域にあり，いまなお生き残っている生産地として，波佐見町と波佐見焼産業の取り組みは，中山間地域における地方創生のモデルケースに足り得ると考えられる。

2. 先行研究の整理

2.1. 波佐見焼の供給に関する先行研究

　一般財団法人伝統的工芸品産業振興協会（1990）によれば，調査当時，やきものの知名度は，伊万里有田焼88％，九谷焼87％に対して，波佐見焼4％であった。波佐見焼の知名度が低い理由は，江戸時代以来，波佐見焼を含む肥前地方の磁器は優秀性が世に知られていたが，伊万里から船積みされたときは「伊万里焼」，鉄道が開通して有田から出荷されるようになると「有田焼」で通り，波佐見産はその陰にかくれて不利な条件下に泣いていたからである（波佐見史編纂委員会1981・786-787頁）。「有田焼」で知られる波佐見焼が，自らの銘柄を打ち出すことは，なお当分望めないかもしれない。しかし，新しい消費動向に対するデザイン，製品開発の試みは活発である（市川1978・286頁）。

　波佐見焼の供給は，①機械ろくろ，②ゴム判・転写，③燃料革新，④作業場内分業，⑤地域内分業などの技術革新によって，高度経済成長期に波佐見焼の大量生産体制が築かれた（波佐見史編纂委員会1981・782-784頁）。これら波佐見焼の技術革新について，市川（1978）では「古い伝統からの解放」（281頁）と評している。板倉（1978）では，波佐見焼のやきもの商社が，新製品

や新チャンネルの開発に真剣に取り組んでいるとし，伝統産地というものは製品の種類を変化させ，新しい需要に対応して自らを変質してゆかねば存続し難いと結んでいる（346頁）。

供給量が増加した波佐見焼製品は，茶碗類，湯飲類，皿類などの和飲食器である。高度経済成長による急激な所得増加は大衆食器に対する需要を飛躍的に拡大した。波佐見の窯元は，旺盛な企業家精神と勤労意欲でもってこの需要に答えていった（西島2011・81頁）。波佐見焼製造関連の事業所数（1965年184軒，1980年606軒，2008年373軒），従業者数（1965年2,928人，1980年5,427人，2008年1,736人），製造品出荷額等（1965年14億円，1980年230億円，2008年79億円）は，いずれも1980年以降，減少し続けている（西島2011・79頁）。

2.2. 波佐見焼の需要に関する先行研究

波佐見焼の需要について，岩重（2011）では，2009年波佐見陶器まつり来場者の中から2,761人にアンケート調査を行い，波佐見焼が地域ブランド品になりうるかどうかを検討している。波佐見焼は伝統的地場産業としては認知され，成り立ってはいるものの，製品は現代の消費ニーズにはあまり合致しておらず，····中略····ブランド化の道のりは遠い（岩重2011・26頁）。

岩重（2011）から急展開し，波佐見焼は，カジュアル・リッチという独自性を出すことで，市場に受け入れられている（長崎県立大学学長プロジェクト2016・64頁）。カジュアル・リッチとは，カジュアルだけど高品質で安っぽくない器を表現した造語である。

波佐見焼の需要変化について，衣食住に関わる様々な商品を揃え，暮らし方まで提案するライフスタイルショップや雑貨店で波佐見焼が売れている（葉山2017・389頁）。波佐見焼の人気拡大について，名前にこだわらず，形にこだわらず，人々が日常生活で欲しているものを感じ取り，商品もまちも変化させる。その答えが「かわいい（波佐見焼）」であり，「おしゃれ（な波佐見町）」である（葉山2017・390頁，括弧内引用者追記）。

「かわいい」「おしゃれ」な波佐見焼が消費ニーズと合った経緯について，波佐見焼が浸透するきっかけになったのは，東京ドームで毎年開催されるテーブルウェア・フェスティバルへの出展だった。2008年から窯元20社ほどが同展示会へ出展していて，以後毎年，波佐見焼は，同展示会でエンドユーザーの声を聞き，同展示会を新作発表の場としている（松永2015・124頁）。

2.3. 波佐見町の産業観光に関する先行研究

波佐見町は，観光情報誌から観光地として認知されていないが，波佐見町はホスピタリティが強く人に感動するまちである（町2018・50頁）[4]。半世紀近く遅れている波佐見町の産業観光が，湯布院を凌駕するには20年以上の月日がかかると述べている（町2018・54頁）。波佐見町の産業観光が発展していくためには，①波佐見朝飯会などの活用，日本再発見塾などに似た体験，ツリートーキングの実施，②高額で売れる波佐見焼以外の地場産品がそれぞれ必要である（町2018・54頁）[5]。

波佐見町でのモノ消費（波佐見焼）とコト消費（産業観光）の可能性について，アウェーの消費地に陶磁器商品といった「モノ」だけを送り込んでもその本質は伝わりにくいが，波佐見というホームに来ていただくのであれば「コト」や「ヒト」と合わせて，しかも正確に熱をもって伝えることができる。伝統工芸系のイベントで職人に教わって作るワークショップが人気なのは，この3つの要素が抑えられているからにほかならない（立川2018・159頁）。

井手（2019）では，井手自身が古い佇まいをそのまま生かし，陶芸やアート，食をカタチにしたい若者を誘致し，波佐見町を農業×波佐見焼産業×観光

---

(4) 波佐見町の中尾郷に「文化の陶四季舎」という所がある。ぜひ皆さん，四季舎へいちど行ってください。四季舎から帰路に着くとき，四季舎オーナー・畑中夫妻の優しさにふれ，涙を流す人が大勢いる（町2018・45頁）。

(5) 日本再発見塾公式webページ（http://www.e-janaika.com/）によれば，日本再発見塾とは，毎年1回～2回，全国から町や村を選び，その地域の「宝物」に触れることで日本の文化や伝統を見つめ直す，イベント，セミナー，合宿，祭りを合わせた活動をいう。2020年2月20日アクセス。

の融合拠点にする波佐見アートデザイン村構想を練り，波佐見町の有志にグリーン・クラフト・ツーリズムを提案したと述べている（150頁）。

2.4. グリーン・ツーリズムとクラフト・ツーリズムに関する先行研究

ニュー・ツーリズム（new tourism）は，マス・ツーリズム（mass tourism）に対して国土交通省が用いた新しい概念である。ニュー・ツーリズムは地域に密着した着地型観光であり，ニュー・ツーリズムはこれまでの大衆観光で光が当たらなかった多品種・小ロット・高付加価値型の観光である（河村2008・241頁）。マス・ツーリズムが団体向けの画一的な発着型観光であるのに対して，産業観光などのニュー・ツーリズムは人々の多様な価値観を反映した個人向けの着地型観光である（須田2005・8頁）。

ニュー・ツーリズムについては，厳密な定義づけは出来ないが，従来の物見遊山的な観光旅行に対して，テーマ性が強く，体験型・交流型の要素を取り入れた新しい形態の旅行を指す。テーマとしては産業観光，エコ・ツーリズム，グリーン・ツーリズム，ヘルス・ツーリズム，ロングステイなどがあげられ，旅行商品化の際に地域の特性を活かしやすいことから，地域活性化につながるものと期待されている（国土交通省観光庁2010・2頁）。

ニュー・ツーリズムは，観光立国推進基本計画（国土交通省2007）にもとづき，①エコ・ツーリズム，②グリーン・ツーリズム，③文化観光，④産業観光，⑤ヘルス・ツーリズム，⑥スポーツ観光，⑦医療観光，⑧ファッション・食・映画・アニメ×観光，⑨その他の9つに整理できる（産業観光推進会議2014・44頁・図表1-4）。

グリーン・ツーリズムとは，農村空間あるいは田園空間そのもの，そこに住む人々，ヘリテージ（文化遺産または伝統），生活様式などを体験してもらうものである（井上2011・9頁）。農林水産省（1992）では，都市住民の農村滞在型余暇活動をグリーン・ツーリズムとよんでいる。日本政府が公式文章にグリーン・ツーリズムを記述して以降，ツーリズムかどうかは別にして，産直交流，山村留学，農業体験，市民農園など，グリーン・ツーリズムの前提となる

都市と農村の交流は広がっている（井上2011・34頁）。

　産業観光とは，歴史的・文化的価値のある産業文化財（古い機械器具，工場遺構などの産業遺産），生産現場（工場，工房など）および産業製品を観光資源とし，それらを通じてモノづくりの心にふれるとともに，人的交流を促進する活動をいう（須田2005・8頁）。

　産業観光は「みる」ことを中心とする従来型の観光にくわえて，「学ぶ（知る）」「体験する」という三つの要素を同時に備える，新しいタイプの観光である（産業観光推進会議2014・31頁）。産業観光は，①工場見学型，②産地振興型，③一般観光型，④モノ作り人材育成型，⑤リクルーティング型に分類できる（公益財団法人日本交通公社2007）。

　その一方で，地場産業や産業集積が生産者にとって「みる」「学ぶ（知る）」「体験する」学習の場であることは，Florida, R.（1995）やKeeble, D. and Wilkinson, F.（1999）が既に指摘している。

　須田（2015）は，「みる」「学ぶ（知る）」「体験する」ができる産業観光都市として，美濃焼の生産地である岐阜県多治見市・岐阜県土岐市・岐阜県瑞浪市，瀬戸焼の生産地である愛知県瀬戸市，万古焼の生産地である三重県四日市市，常滑焼の生産地である愛知県常滑市をあげ，窯業都市とよんでいる（88-89頁および129-133頁）。産業観光のなかでも，クラフト（手仕事）産業に焦点を当てた観光がクラフト・ツーリズムである[6]。

　ハンドバッグや小物入れのクラフト産業では，工房ショップ（製造小売）という事業形態によって，対面販売方式から消費者のニーズや要求水準の高さを知ったうえで，流行性の高いステーショナリー，アクセサリー，財布などの小物入れと，同じく流行性の高いショルダーバッグ，巾着バッグ，ハンドバッグ

---

(6) Richards, G. (ed.). (1998) は，ポルトガル・アルトミーニョ地方，ギリシア・グレタ島，フィンランド・ラップランド地方の織物工芸品とその織物文化に関する事例研究から，クラフトは地域の重要な文化と観光の資源であり，ヨーロッパでは，文化観光（culture tourism）とクラフト・ツーリズム（crafts tourism）が，ヨーロッパの経済発展と雇用を支えていると指摘している。

を製造販売している（竹田2016・71頁）。

　十和田（2011）は，観光スタイルから観光を，①有名観光地や大都市での
マス・ツーリズム（mass tourism），②これまで観光地ではなかった地方都市・
農山村でのオルタナティブ・ツーリズム（alternative tourism），③長期滞在で
あるリゾート活動の3つに区分している。そのうえで，十和田（2011）は，オ
ルタナティブ・ツーリズムを，a.タウン・ツーリズムとb.グリーン・ツーリズ
ムの2つに分けている。

　十和田（2011）では，グリーン・ツーリズムの取り組みを，表4-1のように
9つのタイプと27のメニューに分類している（116頁・表7-1）。

　波佐見町でのグリーン・ツーリズムを表4-1の取り組みタイプから分類する
と，①産業観光における波佐見焼ショッピングは，物販・イベント型グリー
ン・ツーリズム，②産業観光における波佐見焼工房を「みる」は，もてなし型
グリーン・ツーリズム，③産業観光における観光ガイドや職人から地域の歴史
や文化を「学ぶ」は，学習型グリーン・ツーリズム，④産業観光における坏土
を練りろくろ廻しを「体験する」は，体験型グリーン・ツーリズムに該当す
る。つまり，グリーン・ツーリズムに産業観光を含めることができる。

2.5. 先行研究の整理

　波佐見焼の供給に関する下記①②③の先行研究から，高度経済成長期に，波
佐見焼の大量生産体制が確立され，波佐見焼関連の事業所数，従業者数，製造
品出荷額等は増えたが，1980年以降，いずれも減少し続けていることがわかっ
た。

① 　地域内分業による波佐見焼の「大量生産体制」は，高度経済成長期に確立
　　された（波佐見史編纂委員会1981）。

② 　波佐見焼のやきもの工房は，高度経済成長期に大衆食器の需要を捉えて生
　　産量が増えた（西島2011）。

③ 　波佐見焼関連の事業所数（2008年373軒），従業者数（2008年1,736人），
　　製造品出荷額等（2008年79.1億円）は，いずれも1980年以降，減少し続け

表4-1　グリーン・ツーリズムの取り組み

取り組みタイプ	取り組みメニュー
学習型	山村留学の実施 自然教室・自然観察会などの実施 修学旅行・実習の受け入れ
体験型	果樹などの収穫体験 農林漁業の体験 農林水産物の加工・調理体験 モノづくりの体験 伝統的文化・行事の体験
もてなし型	農家民泊・行事の体験 村内めぐり・祭りの見学 交流会・懇親会の開催 郷土料理などの提供
物販 イベント型	地元でのイベント・大会を開催 都市でのイベント・物産展に出展 特産品・地域産品の地元販売
顧客型	特産品・地域産品の宅配 広報・PRパンフレットの送付・配布 田畑・樹木などのオーナー制度
体験施設型	貸し農園・市民農園の整備・運営 体験施設の整備・運営
一般施設型	宿泊施設の整備・運営 物産販売施設の整備・運営 飲食施設の整備・運営
観光施設型	レジャー施設の整備・運営 休憩・休養施設の整備・運営 文化施設の整備・運営
施設活用型	空家・廃校などの利用・斡旋

出所：十和田（2011）116頁，表7-1にもとづき筆者作成。

ている（西島2011）。

　波佐見焼の需要に関する下記記④⑤⑥の先行研究から，2011年ごろまで消費ニーズと合わなかった波佐見焼が，2017年ごろには消費ニーズと合っていることがわかった。

④　波佐見焼は現代の消費ニーズと合っていない（岩重2011）。

⑤　波佐見焼は，「カジュアル・リッチ」という新しい市場を切り拓き売れて

いる（長崎県立大学学長プロジェクト2016）。

⑥　人々が日常生活で欲しているニーズを感じ取り作られた波佐見焼は，「おしゃれ」で「かわいい」（葉山2017）。

　波佐見町の産業観光に関する下記⑦⑧⑨の先行研究から，波佐見町は農業×波佐見焼産業×観光を合わせたグリーン・クラフト・ツーリズムに取り組んでいることがわかった。

⑦　波佐見町は観光情報誌から観光地として認知されていない（町2018）。

⑧　消費地で波佐見焼を売り込んでも本質は伝えにくいが，消費者が波佐見町に来訪してくれれば波佐見焼の本質を正確に消費者へ伝えことができる（立川2018）。

⑨　波佐見町では，古い佇まいをそのまま生かした，農業×波佐見焼産業×観光を合わせたグリーン・クラフト・ツーリズムに取り組んでいる（井手2019）。

　グリーン・ツーリズムと産業観光に関する下記⑩⑪⑫の先行研究から，都市住民の農村滞在型余暇活動がグリーン・ツーリズムであり，産業観光の中でも，クラフト（手仕事）に焦点を当てた観光がクラフト・ツーリズムであることがわかった。クラフト分野では，工房のショップ化（製造小売化）や工房の開放化（オープン・ファクトリー化）が進んでいる。

⑩　都市住民の農村滞在型余暇活動がグリーン・ツーリズムである（十和田2011）。

⑪　「みる」「学ぶ（知る）」「体験する」を同時に備えた生産現場の観光が産業観光である（産業観光推進会議2014）。

⑫　工房ショップ（製造小売）という事業形態によって，対面販売方式から消費ニーズや消費者の要求水準を知り得る（竹田2016）。

3. 学術的問いと検証方法

（1）波佐見焼の供給に関する先行研究①②③から，いまも波佐見焼の生産は
　　減少し続けているのだろうか。

（2）波佐見町の産業観光に関する先行研究⑦⑧⑨から，波佐見町を訪れる観
　　光客にはどのような特性があるのだろうか。

（3）波佐見焼の需要に関する先行研究④⑤⑥から，いま波佐見焼は消費ニー
　　ズと合っているのだろうか。

（4）農業観光（グリーン・ツーリズム）と産業観光（クラフト・ツーリズム）
　　に関する先行研究⑩⑪⑫から，なぜいまグリーン・クラフト・ツーリズムな
　　のだろうか。

　上記の先行研究を整理した学術的問い（1）（2）（3）（4）について，次の検
証を行う。①波佐見町焼の供給に関して，既存データから事業所数・従業者
数・製造品出荷額等・付加価値額・1人あたり付加価値額・特化係数を検証す
る。②波佐見町の産業観光に関して，既存データから観光客数・観光消費額，
筆者が実施したアンケート調査の結果から観光客の地域性とリピート率を検証
する。③波佐見焼の需要に関して，筆者が実施したアンケート調査の結果から
波佐見焼の知名度と，既存データから1人あたりの波佐見焼購入費・ふるさと
納税額を検証する。④波佐見町のグリーン・クラフト・ツーリズムに関して，
観光客1人あたりの消費額とコト消費から，なぜいまグリーン・クラフト・
ツーリズムなのかを検証する。⑤そのうえで，生産地の産業観光化と地方創生
について考察する。

4. 検証結果（1）
：いまも波佐見焼の生産は減少し続けているのだろうか

4.1. 「波佐見焼」生産の事業所数・従業者数・製造品出荷額等・
　　　付加価値額・1人あたり付加価値額・1人あたり現金給与額

　「波佐見焼」生産の事業所数は，図4-2左目盛りに示されたとおり，1990年

212軒が最も多く，1991年から減少傾向にあり，2019年現在60軒である。2019年現在，「波佐見焼」生産の事業所数は，最盛期1990年212軒から28％まで減少していて，過去と比べて最も少ない。

NTTタウンページ（2019）によれば，2019年2月現在，波佐見町では，波佐見焼工房138軒，上絵付け工房8軒，石膏製型工房9軒，紙器工房4軒，やきもの材料7軒，波佐見焼商社45軒，波佐見焼小売21軒の「波佐見焼」に関連する事業所232軒が操業している。

NTTタウンページ（2019）と内閣府「地域経済分析システム（RESAS）」から，波佐見町では，従業者数4人以上60軒と4人未満78軒を合わせた138軒の波佐見焼工房が操業していると考えられる。

「波佐見焼」生産の従業者数は，図4-2右目盛りに示されたとおり，1986年3,314人が最も多く，1987年から減少傾向にあり，2019年現在801人である。2019年現在，「波佐見焼」生産の従業者数は，最盛期1986年3,314人の24％まで減少，最衰期2011年800人とほぼ同数である。

「波佐見焼」生産の製造品出荷額等は，図4-3に示されたとおり，1990年186億円が最も高く，1991年から減額傾向，2012年から微増傾向にあり，2019年現在53億円である。2019年現在，「波佐見焼」生産の製造品出荷額等は，最盛期1990年186億円の28％まで減額，最衰期2011年44億円の120％まで増額している。

「波佐見焼」生産の付加価値額は，図4-3に示されたとおり，1991年116億円が最も高く，1992年から減額傾向，2012年から微増傾向にあり，2019年現在41億円である。2019年現在，「波佐見焼」生産の付加価値額は，最盛期1991年116億円の38％まで減額，最衰期2011年36億円の116％まで増額している。

「波佐見焼」生産の1人あたり付加価値額（労働生産性，＝付加価値額/従業者数）は，図4-4に示されたとおり，1993年401万円から2006年までが減額傾向，2007年から増額傾向にあり，2019年現在514万円である。2019年現在，「波佐見焼」生産の1人あたり付加価値額は，過去最高額に達していて，2011

図4-2　「波佐見焼」生産の事業所数（左）と従業者数（右）

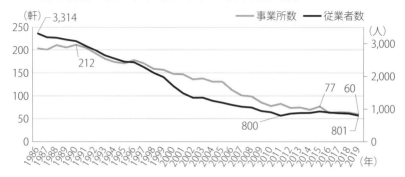

（注）図中の「波佐見焼」は，長崎県波佐見町の「窯業・土石製品製造業/従業員数4人以上
　　の事業所」である。
出所：内閣府「地域経済分析システム（RESAS）」からデータを収集し筆者作成。

図4-3　「波佐見焼」生産の製造品出荷額等と付加価値額

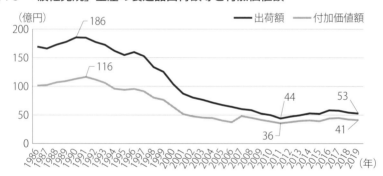

（注）図中の「波佐見焼」は，長崎県波佐見町の「窯業・土石製品製造業/従業員数4人以上
　　の事業所」である。
出所：内閣府「地域経済分析システム（RESAS）」からデータを収集し筆者作成。

年445万円の115％まで増額している。

　「波佐見焼」生産の1人あたり現金給与額（年収，＝現金給与総額/従業者数）
は，図4-4に示されたとおり，1998年239万円が最も高く，1999年から減額

図4-4 「波佐見焼」生産の１人あたり付加価値額と１人あたり現金給与額

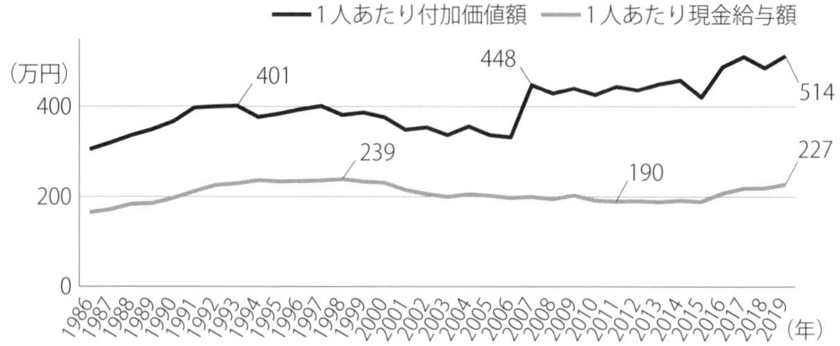

(注) 図中の「波佐見焼」は，長崎県波佐見町の「窯業・土石製品製造業／従業員数４人以上の事業所」である。
出所：内閣府「地域経済分析システム（RESAS）」からデータを収集し筆者作成。

傾向，2016年から増額傾向にあり，2019年現在227万円である[7]。2019年現在，「波佐見焼」生産の１人あたり現金給与額は，最盛期1998年239万円の95％まで減額，2011年190万円の120％まで増額している。

4.2.「波佐見焼」生産の特化係数

内閣府「地域経済分析システム（RESAS）」では，どの産業が効率的に利潤を出しているかなどを特化係数で表している。特化係数は，全国平均値に対する地域特定産業の相対的な集積度，つまり強みを測る指数である。

付加価値額特化係数は，（j地i産業の付加価値額／j地全産業の付加価値額）／（国内i産業の付加価値額／国内全産業の付加価値額）で求められる。付加価値額特化係数が1.0を超えていれば，当該地域産業の付加価値額は，当該産業の全国平均値に比べて特化しているといえる。以下，内閣府「地域経済分析システム（RESAS）」にもとづく。

---

(7) 経済産業省（2021）によれば，現金給与総額とは，１年間（1～12月）に常用雇用者・有給役員へ支払われた基本給・諸手当・期末賞与等・その他の合計額である。

図4-5　波佐見町の特化産業（2016年）

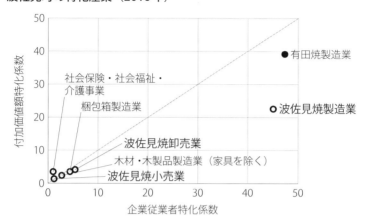

(注)　窯業・土石製品製造業を「波佐見焼製造業」，その他の卸売業（陶磁器・ガラス器卸売業）を「波佐見焼卸売業」，パルプ・紙・紙加工品製造業を「梱包箱製造業」，その他の小売業（陶磁器・ガラス器小売業）を「波佐見焼小売業」と置き換えている。
出所：内閣府「地域経済分析システム（RESAS）」からデータ収集し筆者作成。

　波佐見町の付加価値額特化係数は秘匿業種を除いて，①窯業・土石製品製造業22.6，②陶磁器・ガラス器卸売業4.1，③パルプ・紙・紙加工品製造業3.5，④社会保険・社会福祉・介護事業3.5，⑤木材・木製品製造業（家具を除く）2.4の順で高い[8]。先述した波佐見焼に関連する事業所232軒のなかで，波佐見焼工房138軒・上絵付け工房8軒・石膏製型工房8軒が「窯業・土石製品製造業」，波佐見焼商社46軒・やきもの材料7軒が「陶磁器・ガラス器卸売業」，波佐見焼小売21軒が「陶磁器・ガラス器小売業」，紙器工房7軒が「パルプ・紙・紙加工品製造業」に該当する。
　企業従業者特化係数は，（j地i産業の企業従業者数/j地全産業の企業従業者数）／（国内i産業の企業従業者数/国内全産業の企業従業者数）で求められる。企業従業者特化係数が1.0を超えていれば，当該地域産業の企業従業者数は，

(8)　その他の卸売業（中分類55）には，波佐見焼卸売業に該当する陶磁器・ガラス器卸売業（細分類5515）が含まれている。

当該産業の全国平均値に比べて特化しているといえる。以下，内閣府「地域経済分析システム（RESAS）」にもとづく。波佐見町の企業従業者特化係数は秘匿業種を除いて，①窯業・土石製品製造業45.0，②情報通信機械器具製造業32.6，③陶磁器・ガラス器卸売業5.4，③パルプ・紙・紙加工品製造業4.3，⑤木材・木製品製造業（家具を除く）2.7の順で高い。なお情報通信機械器具製造業が32.6と高いのは，長崎キヤノン株式会社（波佐見町折敷瀬郷・2018年3月末現在従業者数1,040人）の影響である。

　付加価値額特化係数と企業従業者特化係数から，波佐見焼に関連する「窯業・土石製品製造業」「陶磁器・ガラス器卸売業」「陶磁器・ガラス器小売業」「パルプ・紙・紙加工品製造業」が，波佐見町の特化産業であることがわかった。なお波佐見町で農業は，付加価値額特化係数と企業従業者特化係数のいずれでも上位に入っていなかった。

　上述した波佐見町の企業従業者特化係数をx軸，波佐見町の付加価値額特化係数をy軸にとり，第1象限に位置し，全国平均値と比べて付加価値額が多く，かつ全国平均値と比べて従業者をたくさん雇用している地域産業が，地域の特化産業である。第1象限に位置するなかでも，xとyの正の値が最も大きい産業（最も右上に位置する産業）が地域最大の特化産業である。内閣府「地域経済分析システム（RESAS）」（https://resas.go.jp/）では，産業構造マップ＞全産業＞稼ぐ力分析＞市町村単位で表示する＞グラフ分析＞散布図で分析から，産業の分布を見る/中分類で見る/x軸：特化係数（企業従業者数）/y軸：特化係数（付加価値額）を選択すれば，図4-5の類似を再現することができる。

　農林漁業・地場産業・観光産業など，地域における特化産業のなかで，地域の「外」の消費者や，地域の「外」を市場としている特化産業が移出産業であり，「地域の稼ぐ力」である。波佐見町最大の特化産業は，図4-5に示されたとおり，波佐見焼製造を含む「窯業・土石製品製造業（45.0, 22.6）」である。いまなお波佐見町が「波佐見焼」生産地であることを強く示している。ただし，波佐見焼製造業は，y＝xの線上から下方に位置しているので，企業規模に対する付加価値額が低い。さらに，波佐見焼製造業の収益性は，図4-5に示さ

れたとおり，有田焼製造業よりも悪い。

　整理すると，①「波佐見焼」生産の事業所数は，1991年から減少傾向にあり，2019年現在，最盛期1990年212軒の28％（60軒）まで減少している。②「波佐見焼」生産の従業者数は，2019年現在，最盛期1986年3,314人の24％（801人）まで減少している。③「波佐見焼」生産の製造品出荷額等は，2012年から増額傾向にあり，2019年現在，最衰期2011年44億円の120％（53億円）まで増額している。④「波佐見焼」生産の付加価値額は，2012年から増額傾向にあり，2019年現在，最衰期2011年36億円の116％（41億円）まで増額している。⑤「波佐見焼」生産の1人あたり付加価値額は，2007年から増額傾向にあり，2019年現在，2011年437万円の115％（514万円）まで増額していて，過去と比べて最高額である。⑥「波佐見焼」生産の1人あたり現金給与額は，1998年239万円が最も高く，2019年現在，最盛期1998年239万円の95％（227万円）まで回復している。

　波佐見焼産業は，付加価値額特化係数と企業従業者特化係数の高さから，いまなお波佐見町の特化産業であり「地域の稼ぐ力」（地域の移出産業）であることがわかった。

5. 検証結果（2）：波佐見町を訪れる観光客にはどのような特性があるのだろうか

　観光客数とは，地元・県内・県外の日帰り客と宿泊延客の合計人数である。波佐見町の観光客数は，1980年12万人から2019年103万人まで大きく増加している。1996年に波佐見町で観光客数が増えているのは，「ジャパンエキスポ佐賀1996世界・炎の博覧会」（1996年7月19日〜1996年10月13日開催）の影響だと考えられる。長崎県市町村の2019年人口に対する観光客数比は，「波佐見町」人口比71倍，「松浦市」人口比48倍，「長崎市」人口比25倍など，長崎県市町村のなかで，波佐見町観光客数の人口比が最も高い。

　観光消費額とは，観光客（地元・県内・県外の日帰り客と宿泊延客）が使った①宿泊費，②交通費，③飲食娯楽費，④土産購入費の合計額である。波佐見

町の観光消費額は，1997年9億円から2019年49億円まで大きく増額している。

　筆者が実施したアンケート調査の結果から，波佐見町観光客917組は，長崎県54％（493組），福岡県20％（182組），佐賀県14％（125組），熊本県3％（31組），大分県2％（17組），鹿児島県1％（13組），山口県1％（8組），宮崎県1％（6組）の順で多く，九州地方からの観光客が95％（867組）を占めていた[9]。波佐見町観光客917組のうち，レンタカー利用者は8％（長崎県32組・福岡県26組・佐賀県5組・大分県4組・熊本県2組・宮崎県1組・大阪府1組の計71組）であった[10]。

　図4-6は，調査期間3日間（いずれも休日）に波佐見町内の「くらわん館」「西の原」「OYANE」「中山交流館含む文化の陶四季舎（以下，四季舎と省略）」を訪れた観光客898組が，そこへ何回訪れたかを示したものである[11]。調査期間3日間の「波佐見町」観光客リピート率（「2回」以上）は，54％（481組）

(9)　アンケート調査の概要
・調査日時：2019年6月16日（日），6月30日（日），9月23日（月・祝）の計3日間
・調査場所：くらわん館，西の原，OYANE，（中山交流館含む）四季舎
・調査対象：各調査場所に駐車した観光客917組
・回答数（回答率）：898組（98％）
・調査方法：聞き取り調査
(10)　波佐見町は，JAF「クルマで行く！今こそ行きたい令和初！の夏休みに行きたいスポット」で1位（8,324票）を獲得している（2位福井県池田町6,796票，3位滋賀県高島市6,229票）。
(11)
・「くらわん館」（波佐見町井石郷2255-2）は，波佐見町内の商社・窯元35社の食器を中心に，地酒や手作り味噌などを販売している観光物産館である。
・「西の原」（波佐見町井石郷2187-4）は，福幸製陶所跡（5,000㎡）にあり，古き良さを残してリノベーションし，小洒落た雑貨店，ノスタルジックなカフェやレストランなどが集積している。
・「OYANE」（波佐見町折敷瀬郷2204-4）は波佐見焼を展示販売している店舗であり，店内2階は陶磁器を焼くときに素地を保護する匣鉢で埋め尽くされている。
・「文化の陶四季舎」（波佐見町中尾郷660）は，窯元だった建物を地元の人の手で改修した交流拠点であり，やきもの窯を転用したピザ窯を使ってピザ焼き体験ができる。
・「中尾山交流館」（波佐見町中尾郷157）は，陶郷中尾山にある18窯元の商品を展示販売しているギャラリーである。

図4-6　2019年波佐見町観光客のリピート率（n=898）

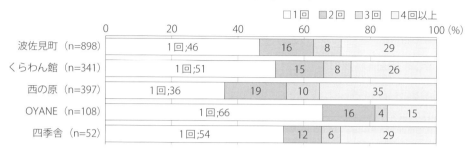

出所：筆者が実施したアンケート調査の結果から筆者作成。

であった。各調査場所の観光客リピート率（「2回」以上）は，「くらわん館」49％，「西の原」64％，「OYANE」34％，「四季舎」46％であり，波佐見町にやってくる観光客はリピーターが多いことがわかった。これら4箇所のなかでも，「西の原」のリピート率64％は，各調査場所の平均値54％よりも10ポイントも高かった。

　波佐見観光の観光客数と観光消費額は，1980年から2019年まで増加傾向にある。波佐見町にやってくる観光客の特性は，九州地方から来ていて（九州地方居住93％），リピーターが多いことがわかった（観光客リピート率54％）。

6. 検証結果（3）
：いま波佐見焼は消費ニーズと合っているのだろうか

6.1. 波佐見焼の知名度

　表4-2は，筆者が実施したアンケート調査の結果から，居住地別の波佐見焼知名度を示したものである[12]。佐世保港来訪者86組の波佐見焼知名度は，九

---

(12) アンケート調査の概要
・調査期間：2019年10月5日～2019年10月6日
・調査場所：長崎県佐世保港
・調査対象：MSCスプレンディダ号乗客3,929人および佐世保港通行人
・回答者数（回答率）：86組（佐世保港通行人総数が不明なので回答率不確定）
・調査方法：聞き取り調査

州地方92％，関東地方42％，中部地方43％，関西地方20％，中国地方0％，四国地方0％であった。九州地方の波佐見焼知名度92％が高かったのは，長崎県佐世保港で聞き取り調査を行ったため，長崎県知名度93％（43組）の影響が強い。九州地方52組を除いた，関東地方・中部地方・関西地方・中国地方・四国地方34組（MSCスプレンディダ号乗船客33組+1組）の波佐見焼知名度は35％であった[13]。波佐見焼購入目的で来崎していないMSCスプレンディダ号乗船客ら34組の波佐見焼知名度35％を日本国内の波佐見焼知名度35％と本章では推測する[14]。

表4-2　2019年波佐見焼の知名度（n=86）

	知名度	調査数		知名度	調査数
長崎	93%	43	関東	42%	19
福岡	75%	4	中部	43%	7
宮崎	100%	4	関西	20%	5
鹿児島	100%	1	中国	0%	2
–	–	–	四国	0%	1
九州計	92%	52	国内計	35%	34

（注）MSCスプレンディダ号乗船客は，中部地方1組を除く関東地方・中部地方・関西地方・中国地方・四国地方33組であった。
出所：筆者が実施したアンケート調査の結果から筆者作成。

6.2. 波佐見観光での1世帯あたり波佐見焼購入費

1世帯あたりの年間食器購入費（購入数・1個あたりの単価）は，図4-7に示されたとおり，1996年3,828円（6個・1個あたり641円）から2019年1,327円（3個・1個あたり442円）まで2,501円も減額している。他方，波佐見町へ

（13）株式会社ジャパネットホールディングス（東京都港区三田）が提供している日本一周9泊10日クルーズ（2019年9月30日〜10月9日の10日間，横浜発着，函館・秋田・金沢・釜山・佐世保・徳島寄港）の客船MSCスプレンディダ号（全長333.3m，客室数1,637部屋，137,936トン）。
（14）首都圏（東京都・神奈川県・埼玉県・千葉県）在住20代〜60代女性の波佐見焼認知度が12％だったという調査結果もある（長崎経済研究所2020・21頁・回答者数1,100人・webアンケート）。

図4-7　波佐見観光での1世帯あたり波佐見焼購入費

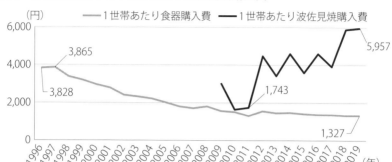

(注1)　図中の「1世帯当たり食器購入費」は，『家計調査年報：家計収支編』「二人以上の世帯」
　　　　の「茶わん・皿・鉢（分類コード510）」購入合計額である。
(注2)　図中の「1世帯当たり波佐見焼購入費」は，『長崎県観光統計』から算出した波佐見観光
　　　　の1人あたり消費額「土産購入費ほか」に2（人）を乗算して1世帯とした。
出所：長崎県観光振興課（2010；2020）『長崎県観光統計』各年と総務省統計局（2020）
　　　　『2019家計調査年報：家計収支編』から筆者作成。

やってくる消費者1世帯あたりの波佐見焼購入費は，図4-7に示されたとおり，
2011年1,743円から2019年5,957円まで4,214円も増額している。岩重（2011）
が指摘した消費ニーズと合っていなかったモノ（波佐見焼）が，長崎県立大学
学長プロジェクト（2016）や葉山（2017）が指摘しているように，2012年以
降，売れていることがわかった。しかも，立川（2018）が指摘しているよう
に，消費者は波佐見町にやってきてモノ（波佐見焼）を購入している。波佐見
町でモノ（波佐見焼）消費が伸びていることがわかった。

6.3. 波佐見町のふるさと納税額

　モノ（波佐見焼）消費の伸びは，ふるさと納税額にも表れている。2019年
度長崎県市町村のふるさと納税額は，図4-8に示されたとおり，波佐見町14.0
億円，松浦市9.6億円，長崎市6.9億円の順で多かった。住民1人あたりのふ
るさと納税分配額は，2019年度現在，波佐見町住民1人あたり96,603円，松
浦市住民1人あたり43,785円，長崎市住民1人あたり2,300円など，住民1人

図4-8　ふるさと納税額（2019年度・長崎県）

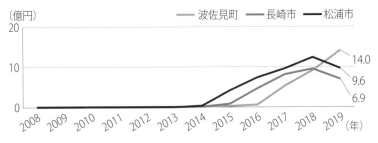

出所：総務省（2020）「ふるさと納税に関する現況調査結果」から筆者作成。

あたりのふるさと納税分配額は，長崎県内の市町村では波佐見町が最も多かった。

　ふるさと納税総合サイト「ふるさとチョイス」（https://www.furusato-tax.jp/）によれば，波佐見町のふるさと納税返礼品1,421品のうち，波佐見焼が86％（1,215品）を占めている。図4-8に示されたとおり，波佐見町のふるさと納税額は，2016年0.5億円から2019年14.0億円にかけて急激に増えている。ふるさと納税額の伸びは，モノ（波佐見焼）消費の伸びだけではなく，関係人口増加の表れでもある。関係人口とは，移住した定住人口でもなく，観光に来た交流人口でもない，地域や地域の人々と多様にかかわる人々をいう（総務省地域力創造グループ2018・1頁）。

6.4. 波佐見焼の消費ニーズ

　なぜ波佐見焼は消費ニーズと合っているのだろうか。地場産業では，生産地内の企業が似た商品を作ってしまう傾向にある。「特徴の無いことが波佐見焼のウリであり，特徴の無いことがたまたま消費ニーズに合っただけだ」（2020年2月14日筆者インタビュー）と児玉盛介波佐見焼振興会2021年度会長は謙遜するが，答えは各社の個性を引き立たせる差別化であり，プロダクトデザイ

ナーと連携した商品づくりにある[15]。

　たとえば白山陶器株式会社（波佐見町湯無田郷1334）の場合，プロダクトデザイナーである森正洋氏（故人）と株式会社良品計画による商品づくりや，無印良品との「波佐見焼シリーズ」「白碗シリーズ」，プロダクトデザイナーである阪本やすき氏との「すみのわ」があげられる[16]。

　たとえば西海陶器株式会社（長崎県波佐見町折敷瀬郷2124）の場合，プロダクトデザイナーである，①阿部薫太郎氏（「essence of life」「The Porcelains」），②角田陽太氏（「Common」），③篠本拓宏氏（「HASAMI PORCELAIN」「S/N」），④Aoi Huber氏（「Sabato」），⑤Maija Puoskari氏（「NUPPU」），⑥山野アンダーソン陽子氏（「Yoko Andersson Yamano」）と連携した商品づくりがあげられる（括弧内はブランド名）[17]。西海陶器株式会社と篠本拓宏氏が商品開発したマグカップは，世界に2つしかないApple公式グッズ販売店「Apple Infinite Loop」「Apple Park Visitor Center」（いずれも米国カリフォルニア州クパチーノ市）で2011年から売られていて，そのマグカップには「JAPAN HASAMI PORCELAIN（日本・波佐見・磁器)」と刻まれている。

　プロダクトデザイナーと連携した商品づくりは，「個人の創造性，技能，才能に由来し，知的財産の生成や活用を通じて富や雇用を創出する潜在力を持つ

---

(15)「デザインやブランドは，顧客に対し，商品・サービスの存在力を示すものであり，顧客に対する商品・サービスの説明を補強するものである。しかし，中小企業・小規模事業者の限られた資源では，こうしたデザインやブランドを自社のみで作り出すことは困難である。中小企業・小規模事業者がデザイン性やブランド力を高めるためには，他者との連携をすることも重要であると考えられる」（中小企業庁2015・174頁）。

(16)「くらしの良品研究所MUJIキャラバン」（https://www.muji.net/）。2020年2月20日アクセス。故・森正洋氏がデザインした「KASANEJIMA」（2016年度）と「G型しょうゆさし」（2018年度），阪本やすき氏がデザインした「COMET」（2017年度）は，それぞれグッドデザイン賞を受賞している（括弧内は受賞年度）。

(17) 角田陽太氏がデザインした「Common」（2014年度），篠本拓宏氏がデザインした「HASAMI PORCELAIN」（2015年度），Aoi Huber氏がデザインした「Sabato」は，それぞれグッドデザイン賞を受賞している（括弧内は受賞年度）。

『創造産業』」とよばれる分野で，工業社会から知識社会への移行である⁽¹⁸⁾。日本政府は，地域産品，観光，デザインなどの9分野を創造産業と特定し，創造産業を「クール・ジャパン」の基礎をなすものと位置づけている（野村総合研究所2012・11頁）。

　整理すると，波佐見焼の知名度は35％あり，波佐見町へやってくる消費者1人あたりの波佐見焼購入費は，2011年871円から2019年2,978円まで2,107円も増額していた。消費ニーズと合っていなかったモノ（波佐見焼）が，2012年から売れていて，波佐見町ではモノ（波佐見焼）消費が伸びていることがわかった。モノ（波佐見焼）消費の伸びは，ふるさと納税額にも表れていた。波佐見町の2019年度ふるさと納税額は14.0億円に達しているので，波佐見町では関係人口が増えていることもわかった。

7. 検証結果（4）
：なぜいまグリーン・クラフト・ツーリズムなのか
7.1. 波佐見町のグリーン・クラフト・ツーリズムとコト消費

　波佐見町では「モノを作り売るだけの産業から一歩踏み出し，地場産業と観光を結びつけた新しい生業（なりわい）を次世代に残したい」（クラフト・ツーリズム産業協議会2020年2月14日筆者インタビュー）という思いを抱き，住民，事業者，労働者が切磋琢磨しながらグリーン・クラフト・ツーリズムに取り組んでいる。波佐見町でグリーン・クラフト・ツーリズムが盛んになったきっかけは2003年5月から続いている波佐見朝飯会（月1回開催・2019年12月第200回開催）にある⁽¹⁹⁾。波佐見焼産業の再生について，波佐見朝飯会という情報交換

---

(18) The creative industries are defined as "those industries which have their origin in individual creativity, skill and talent and which have a potential for wealth and job creation through the generation and exploitation of intellectual property" (Department for Digital, Culture, Media and Sport, 2001, p.5)．

(19) 波佐見朝飯会について，「波佐見朝飯会はオープンイノベーションであり，波佐見町では誰から教わるでもなく20年も前から（オープンイノベーションが）継続している」（立川2018・153頁，括弧内引用者追記）。

の場を通じ，2003年から17年間，町内外の約40人が入れ替わり立ち替わり自由に議論し続けている[20]。

　波佐見町の農業観光（グリーン・ツーリズム）は，やきもの産業の将来に不安を感じていた2001年ごろに，農村回帰とグリーン・ツーリズムの流れに乗って，2001年にグリーン・クラフト・ツーリズム研究会（2004年設立認証）を立ち上げたことに端を発する（特定非営利活動法人グリーン・クラフト・ツーリズム研究会，2019年7月21日筆者インタビュー）。波佐見町の産業観光は，株式会社くらわんか（2003年設立）による「陶芸の館」（波佐見町井石郷2255-2）1階の観光物産館「くらわん館」の運営に乗り出したことに端を発する（株式会社くらわんか2019年7月21日筆者インタビュー）。

　第3章5節でも述べたように，地場産業を産業観光化するうえでのコト消費・モノ消費・トキ消費とは，消費者が当該地域で，①農家民泊や絵付け体験などサービス（無形商品）に価値を感じてお金を使う「コト消費」，②カジュアル・リッチやシンプル・モダンを商品コンセプトにした波佐見焼などモノ（有形商品）に価値を感じてお金を使う「モノ消費」，③そのトキ・その場でしか味わえない心トキめくコトやモノに価値を感じてお金を使う「トキ消費」の3つの消費をいう。

　波佐見町での「体験型」と「もてなし型」のコト消費について，筆者が実施したインタビュー調査の結果から産業観光と農業観光に分けて表4-3に整理した[21]。収穫体験・農業体験・加工体験・モノづくり体験・文化体験は，表4-3のとおり，農業観光の体験型コト消費に該当する。農家民泊・村内めぐり・交

(20) 地域の多様な人々が参加し，相互作用によって，新しい活動や価値を生み出していく取り組みを，飯盛（2015）は「地域づくりのプラットフォーム」と概念化している。
(21) インタビュー調査の概要
・調査日時：2019年4月6日〜2020年2月20日
・調査対象：特定非営利活動法人グリーン・クラフト・ツーリズム研究会，一般社団法人波佐見町観光協会，波佐見焼振興会，はさみ観光ガイド協会，株式会社くらわんか，クラフト・ツーリズム産業協議会
・調査方法：聞き取り調査

流会・郷土料理は，表4-3のとおり，農業観光のもてなし型コト消費に該当する。産業観光の体験型コト消費である，ろくろ体験などのモノづくり体験は，農業観光の体験型コト消費と重複するが，本書では産業観光に分類した。

　表4-3に示された波佐見町のコト消費は，2005年から少しずつ提供が始まり，2013年には，どの季節でも波佐見町の特色を生かした何らかのコト消費ができるまで増えていった。波佐見町に「来て」「みて」「学んで」「体験して」「お金を使う」という経済学的観点から，生産地の産業観光化と農業観光化に取り組む波佐見町は先進的である。

表4-3　2019年波佐見町の主なコト消費

産業観光の体験型コト消費	農業観光の体験型コト消費
波佐見焼ろくろ体験（モノづくり体験）	椎茸づくり体験（収穫体験・農業体験）
波佐見焼手びねり体験（モノづくり体験）	味噌作り体験（加工体験）
波佐見焼鋳込み体験（モノづくり体験）	養蜂体験（農業体験）
波佐見焼上絵付け体験（モノづくり体験）	米の種まき・田植え・稲刈り・かけ干し・
波佐見焼下絵付け体験（モノづくり体験）	脱穀・収穫（農業体験・収穫体験）
波佐見焼切り絵付け体験（モノづくり体験）	酒米の種まき・田植え・酒米稲刈り・酒器絵
波佐見焼陶板絵付け体験（モノづくり体験）	付け（農業体験・収穫体験・モノづくり体験）
波佐見焼ネイル作り体験（モノづくり体験）	そばの種まき・刈り入れ・手打ち・そば猪
波佐見焼ストラップ作り体験（モノづくり体験）	口成形・絵付け体験（農業体験・収穫体験・モノづくり体験）
波佐見焼ブローチ作り体験（モノづくり体験）	天然化粧品体験（加工体験）
波佐見焼食品サンプル作り（モノづくり体験）	プリザーブドフラワーアレンジ体験（加工体験）
波佐見焼陶窯ピザ焼き体験（調理体験）	波佐見の伝統料理教室（調理体験・文化体験）
波佐見焼盛り付け体験（文化体験）	農業観光のもてなし型コト消費
産業観光のもてなし型コト消費	はさみ焼御膳（郷土料理）
波佐見焼窯家民泊（農家民泊）	はさみつけ揚げ（郷土料理）
波佐見焼工場見学（村内めぐり）	農家民泊（農家民泊）
波佐見焼の日本遺産めぐり（村内めぐり）	旧宿場と酒蔵めぐり（村内めぐり）
波佐見朝飯会（交流会）	

出所：筆者実施によるインタビュー調査の結果を前掲の表4-1に従って筆者作成。

7.2. 波佐見観光の消費額

　観光消費額とは，観光客（地元・県内・県外の日帰り客と宿泊延客）が使った①宿泊費，②交通費，③飲食娯楽費，④土産購入費の合計額であり，宿泊

費・飲食娯楽費・交通費はコト消費，土産購入費はモノ消費である。

図4-9に示されたとおり2019年波佐見町観光客1人あたりの消費額は，①宿泊費269円（2011年比＋262円），②交通費765円（2011年比△35円），③飲食娯楽費691円（2011年比△211円），④波佐見焼購入費2,978円（2011年比＋2,107円）の合計4,703円（2011年比＋2,123円）であった。

図4-9に示されたとおり波佐見観光の1人あたり波佐見焼購入費は，2011年から2019年にかけて871円から2,978円まで，2,107円も増えている。波佐見観光の1人あたり波佐見焼購入費が増えている要因は，前述したようにプロダクトデザイナーと連携した商品づくりや各社の個性を引き出させる差別化の成果であろう。

波佐見町の宿泊客は，2019年現在，45,558人である。2019年波佐見町宿泊客1人あたりの消費額は，①宿泊費6,111円（2019年観光客比＋5,842円），②交通費788円（2019年観光客比＋23円），③飲食娯楽費420円（2019年観光客比△271円），④波佐見焼購入費2,953円（2019年観光客比△25円）の合計10,272円（2019年観光客比＋5,569円）である。波佐見町で宿泊しているにもかかわらず，宿泊客は波佐見町内で飲食娯楽費を使っていない（波佐見町外で飲食娯楽費を使っている）ことがわかった。

整理すると，波佐見町では，1年をとおしたコト消費（前掲の表4-3）に取り組んでいる。絵付け体験などのコト消費や波佐見陶器まつりなどのトキ消費を通じて波佐見町のファンになった消費者が，波佐見焼を買うモノ消費につながっている。モノ消費を通じて波佐見焼のファンになっても，消費者は波佐見町で「飲食娯楽費」にお金を使うまでには至っていないことがわかった。しかしながら，筆者が実施した2021年調査（第3章図3-10）で，消費者の波佐見町内飲食費は1,014円まで増額していた。

観光消費額は，観光客数×客単価（1人あたりの消費額）である。2019年波佐見町観光消費額の場合，観光客数103.5万人×客単価（1人あたりの消費額）4,703円＝観光消費額49億円である。波佐見町の観光客数は，2017年104.1万人，2018年103.7万人，2019年103.5万人と3年間の平均観光客数は103.8万

図4-9　波佐見観光の1人あたり消費額

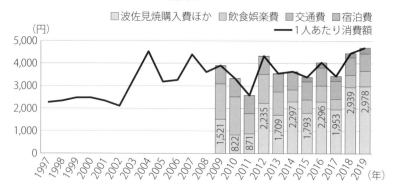

(注1)　長崎県観光振興課（2010；2020）『長崎県観光統計』に掲載している土産購入費ほか
　　　　を波佐見焼購入費ほかと読み替えている。
(注2)　長崎県観光振興課（1998；2009）『長崎県観光統計』には，1997年から2008年まで
　　　　の宿泊費・交通費・飲食娯楽費・土産購入費ほかが未掲載であった。
出所：長崎県観光振興課（1998；2020）『長崎県観光統計』各年から筆者作成。

人であることから，年間観光客数100万人が波佐見町の上限観光客数と仮定す
る。そうすると，観光客数に牽引された波佐見町の観光消費額の伸び代は小さ
い。波佐見町の場合，地域の移出入収支を上げるためには，客数ではなくコト
消費・モノ消費・トキ消費によって客単価を増やすしかない。もし客単価（1
人あたりの消費額）を約2,500円上げることができれば，波佐見町の観光消費
額は，観光客数100万人×客単価（1人あたりの消費額）7,000円＝70億円と
なる。

　先述した人口に対する観光客数比・ふるさと納税返礼額・住民1人あたりの
ふるさと納税分配額を鑑みて，波佐見町と松浦市を比較する。松浦市（2019
年10月1日人口21,856人）の2019年観光客数104.2万人×客単価（1人あた
りの消費額）9,478円＝観光消費額99億円を模範とし，波佐見町でも客単価
（1人あたりの消費額）を上げることは可能である。前述したように波佐見町
内での2019年モノ（波佐見焼）消費は，1人あたり2,978円まで増えている。
波佐見町の場合，観光客の客単価（1人あたりの消費額）を上げるためには，
コト消費やトキ消費によって「宿泊費」「飲食娯楽費」を増やす必要がある。

コト消費やトキ消費によって「宿泊費」「飲食娯楽費」を増やし，モノ（波佐見焼）消費によって「土産購入費（波佐見焼購入費）」を増やす手立てが，農業×波佐見焼産業×観光を合わせたグリーン・クラフト・ツーリズムの取り組みである。波佐見町は，「来なっせ150万人」（客数増加）ではなく，「使いなっせ1万円」（客単価増額）を目指すべきである[22]。

8. 考察：生産地の産業観光化と地方創生

　地方創生とは，「地方の平均所得を上げること」である（山本幸三2018・2頁）。地方の平均所得を上げるためには，「地域の稼ぐ力」である地域の移出入収支を上げなければならない。「地域の稼ぐ力」を上げるためには，団体消費向けの画一的なマス・ツーリズムではなく，個人消費向けに多様なコト消費・モノ消費・トキ消費を合わせた生産地の産業観光化が必要である。地方では，農林漁業・地場産業・観光産業などが「地域の稼ぐ力」に成り得る地域産業である。

　消費者である日本人観光客や訪日外国人観光客を特定地域へよび込むために，コト消費が注目を集めている。しかし，「地域の稼ぐ力」（本章では観光消費額）を上げるためには，コト消費だけではなく，モノ消費とトキ消費も不可欠である。個人消費向けの多様なコト消費・モノ消費・トキ消費によって，地域の移出入収支を黒字化させることが生産地の産業観光化であり，農業生産が不利な中山間地域の生き残りをかけた地方創生に対する一つの答えである。

　生産地を産業観光化して稼ぐことができれば，図4-10に示されたとおり，企業の利益が増える。企業の利益が増えれば，企業で働く労働者の所得が上がる。労働者の所得が上がれば地方の平均所得が上がり，利益が出ていて賃金が良い企業や地域で働きたい労働者が移住してくる。年齢幅を問わず労働者が増

---

(22) 波佐見町企画財政課（2019）によれば，波佐見町の観光客誘致スローガンは，2001年「来なっせ100万人」から2019年「来なっせ150万人」に変更されている。

図4-10　生産地の産業観光化による地域経済循環

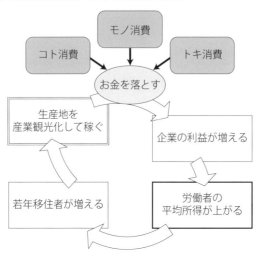

出所：筆者作成。

えれば，一時的な人口減少対策になる。しかし，少子化と高齢化を見据えると，子育て世代や子育て前の若年移住者を多く募りたい。それもコト消費やトキ消費を通じて波佐見町のファンになった消費者や，モノ消費を通じて波佐見焼のファンになった消費者を募りたい。「波佐見」ファンの移住者が増えれば，波佐見町での消費額が増える（「生産地を産業観光化して稼ぐ」）。「生産地を産業観光化して稼ぐ」ことができれば，「企業の利益が増える」⋯⋯という生産地の産業観光化による地域経済循環を図るべきである（図4-10）。

　波佐見町の納税義務者1人あたり課税所得は，図4-11に示されたとおり，波佐見焼が消費ニーズと合っていなかった2010年度211万円まで減額傾向，2011年度214万円から増額傾向にある。波佐見町の納税義務者1人あたり課税所得は，2019年度現在230万円である。しかしながら，長崎県市町村の2019年度納税義務者1人あたり課税所得は，長崎市296万円，松浦市243万円，波佐見町230万円など，長崎県市町村のなかで波佐見町が最も低い。

　他方，波佐見焼製造1人あたり現金給与額（年収，＝現金給与総額/従業者

図4-11　波佐見町1人あたり課税所得と波佐見焼製造1人あたり現金給与額

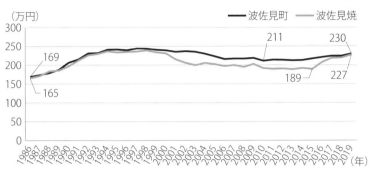

(注) 波佐見町納税義務者数1人あたり課税所得は「年度」集計，波佐見焼製造1人あたり現金給与額は「年」集計である。
出所：総務省（1977：2021）と内閣府「地域経済分析システム（RESAS)」から筆者作成。

数）は，図4-11に示されたように，最盛期1998年239万円から最衰期2015年189万円まで減額傾向，2016年207万円から2019年現在227万円まで増額傾向にある[23]。また波佐見町の社会移動者数は，2011年△92人から2019年△70人までやや減少傾向にあるが，2011年から2019年までの累計社会移動者数は△315人である。

　波佐見焼が消費ニーズと合い始めてから，波佐見町の納税義務者1人あたり課税所得が2010年度211万円から2019年度230万円まで，波佐見焼製造1人あたり現金給与額が2015年189万円から2019年227万円まで，それぞれ増えている。しかしながら，波佐見焼産業の産業観光化による波佐見町の生き残り戦略は，社会移動者数がプラスになるまでには至っていない。

(23) 経済産業省（2021）によれば，現金給与総額とは，，1年間（1～12月）に常用雇用者・有給役員へ支払われた基本給・諸手当・期末賞与等・その他の合計額である。

9. 結論

　地場産業とよばれる日用品の生産地では，1990年ごろから安価な海外製品との競合や，ライフスタイルの変化によって，現在は生産量，生産額，事業所数がピーク時の半分から1/5程度までに落ち込んでいる。波佐見焼産業の場合，2019年現在，事業所数は最盛期1990年212軒の28％（60軒）まで，従業者数は最盛期1986年3,314人の24％（801人）まで減少している。波佐見焼産業の製造品出荷額等は2012年から増額傾向にあり，2019年現在，最衰期2011年44億円の120％（53億円）まで回復，付加価値額は2012年から増額傾向にあり，最衰期2011年36億円の116％（41億円）まで回復している。製造品出荷額等と付加価値額がゆるやかに回復しているものの，波佐見焼産業はかつての「稼ぐ力」を失っている。

　江戸時代から近年まで，長崎県波佐見町は，磁器製日用食器「波佐見焼」の生産地でしかなかった。しかし，現在の波佐見町は，個人消費向けの多様なコト消費・モノ消費・トキ消費によって観光消費額（波佐見焼購入費ほか・飲食娯楽費・交通費・宿泊費）を増やすべく，農業×波佐見焼産業×観光を合わせたグリーン・クラフト・ツーリズムに取り組んでいて，モノ消費が伸びている。「波佐見焼」生産地の事例研究から，生産地を産業観光化し，消費者が地域へ「来て」「みて」「学んで」「体験して」「お金を使う」しくみ作りと取り組みを，生産地の生き残り戦略と結論づける。

？ 考えてみよう

(1) 任意の地域ついて，図4-5を参考に，付加価値額特化係数と企業従業者特化係数を調べ，地域の特化産業を考えてみよう。

(2) 付加価値額特化係数と企業従業者特化係数を調べてわかった地域の特化産業について，その特徴を考えてみよう。

【参考文献】

飯盛義徳（2015）『地域づくりのプラットフォーム：つながりをつくり，創発をうむ仕組みづくり』学芸出版社。

泉猛（2013）「波佐見朝飯会」，長崎経済研究所『ながさき経済』2013年8月号，32-35頁。

市川信愛（1978）「やきもののふるさと：波佐見町」，板倉勝高編著『地場産業の町（上巻）』古今書院，275-287頁。

井手修身（2019）「自走型のまちづくり7つの『べからず』と『肝』」，かもめ地域創生研究所『リクルートOBのすごいまちづくり』世論社，139-160頁。

井上和衛（2011）『グリーン・ツーリズム：軌跡と課題』筑波書房。

岩重聡美（2011）「波佐見焼ブランド化に関する一考察」，長崎県立大学産学連携チーム『波佐見焼の挑戦』長崎新聞社，19-30頁。

一般財団法人伝統的工芸品産業振興協会（1990）「陶磁器類伝産品の知名度調査」。

NTTタウンページ（2019）『2019長崎県佐世保・平戸地区版』。

河村誠治（2008）『新版観光経済学の原理と応用』九州大学出版会。

経済産業省経済産業政策局（2021）『2019年工業統計調査（2018年実績）産業細分類別統計表（経済産業局別・都道府県別表）』経済産業調査会。

公益財団法人日本交通公社編（2007）『産業観光への取り組み』日本交通公社。

国土交通省観光庁（2010）『ニュー・ツーリズム旅行商品創出・流通促進ポイント集2009年版』。

国土交通省総合政策局観光政策課（2007）「観光立国推進基本計画」。

産業観光推進会議（2014）『産業観光の手法：企業と地域をどう活性化するか』学芸出版社。

JTB総合研究所（2018）「地場産業・伝統産業品への意識についての調査」。

須田寛（2005）『産業観光読本』交通新聞社。

須田寛（2015）『産業観光：ものづくりの観光』交通新聞社。

総務省（1977：2021）『市町村税課税状況等の調』。

総務省自治税務局（2021）「ふるさと納税に関する現況調査結果」。

総務省地域力創造グループ（2018）「『関係人口』創出事業参考資料」。

総務省統計局（2020）『2019家計調査年報：家計収支編』日本統計協会。

竹田英司（2016）「地場産業の集積メカニズム：東京城東地域の袋物工房ショップを事例として」，日本地域経済学会『地域経済学研究』32，60-75頁。

立川裕大（2018）「波佐見のモノ・コト・ヒトを考える」，波佐見焼振興会編『波佐

見は湯布院を超えるか』長崎文献社，150-164頁。

中小企業庁（2015）『中小企業白書2015年版』日経印刷。

十和田朗（2011）「農山村と観光：グリーン・ツーリズムの実践と課題」，原田順子・
　十和田朗『観光の新しい潮流と地域』放送大学教育振興会，113-126頁。

内閣府まち・ひと・しごと創生本部事務局「地域経済分析システム（RESAS）」
　（https://resas.go.jp/）。2019年12月2日アクセス。

長崎県観光振興課（1981；2020）『長崎県観光統計』長崎県観光振興推進本部。

長崎経済研究所（2020）「首都圏女性と陶磁器：陶磁器に関する首都圏在住女性への
　アンケートから」『ながさき経済』374，20-25頁。

長崎県統計課（2020）「長崎県の市町民計算」。

長崎県農山村対策室（2019）「2018中山間地域等直接支払交付金一覧（市町別）」。

長崎県立大学学長プロジェクト（2016）『波佐見焼ブランドへの道程』石風社。

西島博樹（2011）「波佐見焼発展の歩み」，長崎県立大学産学連携チーム『波佐見焼
　の挑戦』長崎新聞社，69-90頁。

農林水産省構造改善局（1992）『グリーン・ツーリズムの提唱：グリーン・ツーリズ
　ム研究会中間報告書』。

野村総合研究所（2012）「2011年度知的財産権ワーキング・グループ等侵害対策強
　化事業（クリエイティブ産業に係る知的財産権等の侵害実態調査及び創作環境
　等の整備のための調査）報告書」。

波佐見町教育委員会（2021）『はさみ150選ガイドブック』波佐見町役場。

波佐見史編纂委員会（1981）『波佐見史』下巻，波佐見町教育委員会。

波佐見町役場企画財政課（2018）『第10次波佐見町基本計画』。

波佐見町役場企画財政課（2019）「2019年度ふるさとづくり応援基金活用事業」。

葉山太郎（2017）「地方は消滅しない：長崎県波佐見町」，『文藝春秋』2017年12月
　号，386-390頁。

ふるさとチョイス公式webページ（https://www.furusato-tax.jp/）。2020年2月21日
　アクセス。

町孝（2018）「波佐見町は湯布院を超えるか？」，波佐見焼振興会編『波佐見は湯布院
　を超えるか』長崎文献社，10-56頁。

松永桂子（2015）『ローカル志向の時代』光文社。

山本幸三（2018）『世界が驚く！日本の宝稼ぐ！地方創生』実業之日本社。

吉永陽三（1988）「長崎の磁器」，佐賀県立九州陶磁文化館『長崎の陶磁：1988年度
　開企画展』127-132頁。

Department for Digital, Culture, Media and Sport. (2011). *Creative Industries Economic Estimates 2011*, London: DCMS.

Florida, R. (1995). "Toward the Learning Region", Futures, 27(5), pp.527-536.

Keeble, D. and Wilkinson, F. (1999). "Collective learning and knowledge development in the evolution of regional clusters of high technology SMEs in Europe", *Regional Studies*, 33(4), pp.295-303.

Richards, G.(ed.). (1998). *Developing and Marketing Crafts Tourism*, Tilburg: ATLAS.

第5章
佐賀県有田町の観光経済と有田焼産業[1]

1. 佐賀県有田町の状況

1.1. 有田町の人口と高齢化率

　5年に1度の国勢調査によれば，有田町の人口は，図5-1左目盛りに示されたとおり，1980年23,495人から1985年23,798人まで微増傾向にあったが，1990年23,413人から2020年現在19,010人まで減少傾向にある。有田町の人口は，2020年以降も減り続けて，2045年には13,936人になると予測されている。

　65歳以上が人口に占める高齢化率は，図5-1右目盛りに示されたとおり，1980年12％から上昇し続け，1990年には15％に達しているので，有田町は1990年から高齢化率14％以上の高齢社会にあった。1990年以降も，有田町の高齢化率は上昇し続けていて，2000年には22％まで達しているので，有田町は2000年から高齢化率21％以上の超高齢社会に変わっている。2020年現在，有田町の高齢化率は35％であり，2045年には42％まで達すると予測されている。他方，15歳未満が人口に占める比率は，図5-1右目盛りに示されたとおり，1980年24％から下降し続け，2020年現在，有田町の15歳未満が人口に占める比率は13％であり，2045年には12％まで落ち込むと予想されている。

　有田町の場合，1995年には，65歳以上の比率が15歳未満の比率を上まわっているので，有田町は1995年から少子高齢化社会である。

---

(1) 本章は，新型コロナウイルス感染症（COVID-19）拡大後の2021年調査結果である。

図5-1　有田町の人口（左）と高齢化率（右）（2020年現在）

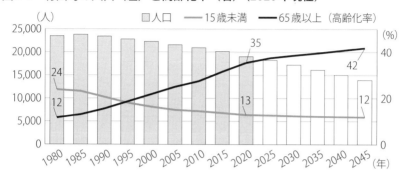

（注）2025年以降の人口は，内閣府まち・ひと・しごと創生本部による推計人口である。
出所：内閣府「地域経済分析システム（RESAS）」からデータを収集し筆者作成。

1.2. 有田町の産業構造

　有田町全産業のなかで，2016年現在，付加価値額が高い業種は，図5-2に示されたとおり，「有田焼」製造業58億円，「有田焼」小売業22億円，社会保険・社会福祉業18億円，「有田焼」卸売業13億円の順であった[2]。製造業・卸売業・小売業からなる有田焼産業は，有田町にとって，地域の大きな特化産業であり，地域の大きな移出産業でもある。地方では，農林漁業・地場産業・観光産業などが，地域の特化産業であり，地域の移出産業である。

1.3. 有田町の観光客数・観光消費額・1人あたり消費額・経路探索回数

　『佐賀県観光客動態調査』（佐賀県観光課）における観光客とは，地元・県

---

(2)「有田焼」は「伊万里・有田焼」ともよばれている。佐賀県伊万里市内で現在も焼かれているものと区別するため，かつてのものを「古伊万里」とよぶことがある。「有田焼」には，青一色の染め付けから色鮮やかな上絵付けまで色々な表現があり，古伊万里様式・柿右衛門様式・鍋島藩窯様式の3つに大別される。古伊万里様式と柿右衛門様式は，江戸時代，民窯で焼かれていて，長崎の出島からオランダ東インド会社（1602年設立）へ大量に輸出される「輸出品」であった。鍋島藩窯様式は，江戸時代，御用窯で焼かれていて，将軍家への献上品や，幕閣や大名・公家への「贈答品」であった。

図5-2　有田町の産業構造（2016年付加価値額）

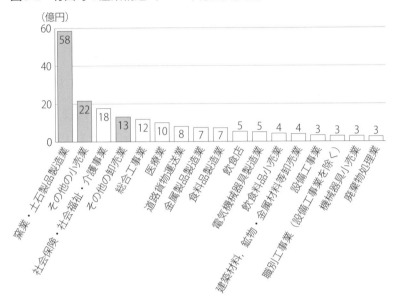

（注）有田町の場合，図中の窯業・土石製品製造業は「有田焼」製造業，その他の小売業は
　　　「有田焼」小売業，その他の卸売業は「有田焼」卸売業に該当する。
出所：内閣府「地域経済分析システム（RESAS）」からデータを収集し筆者作成。

内・県外の日帰り客と宿泊延客の合計である。有田町の観光客数は，図5-3左
目盛りに示されたとおり，1997年166万人から2016年260万人まで増加傾向
であったが，2019年現在，243万人まで減少している。

　有田町の観光消費額は，図5-3右目盛りに示されたとおり，1997年50億円
から2015年74億円まで増額傾向にあったが，2019年現在62.5億円にまで減
額している。観光客数と観光消費額は減少傾向にあるものの，観光客数と観光
消費額から，現在の有田町は「観光のまち」ともいえよう。

　有田観光の1人あたり消費額は，図5-4に示されたとおり，1999年3,157円
から2007年2,073円まで減額傾向にあったが，2008年2,828円から2010年
3,244円まで増額している。しかし，2011年3,005円から2019年現在2,573円
まで減額傾向にある。2019年有田観光の1人あたり消費額2,573円（100％）

90

図5-3　有田町の観光客数（左）と観光消費額（右）

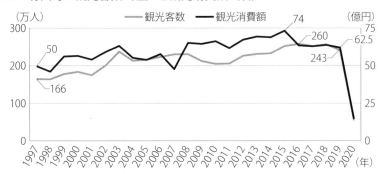

（注1）図中の観光客は，地元・県内・県外の日帰り客と宿泊延客の合計である。
（注2）図中の観光消費額は，交通費・宿泊費・土産購入費ほか・飲食娯楽費の合計額である。
出所：佐賀県商工労働部（1999；2022）『佐賀県観光客動態調査』各年から筆者作成。

図5-4　有田観光の1人あたり消費額

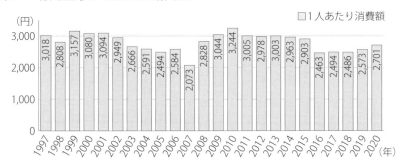

（注1）図中の観光客は，地元・県内・県外の日帰り客と宿泊延客の合計である。
（注2）図中の観光消費額は，交通費・宿泊費・土産購入費ほか・飲食娯楽費の合計額である。
出所：佐賀県商工労働部（1999；2022）『佐賀県観光客動態調査』各年から筆者作成。

の内訳は，図5-5に示されたとおり，有田焼購入費ほか2,011円（78％）・飲食娯楽費469円（18％）・交通費50円（2％）・宿泊費34円（1％）・その他9円（1％）である。1人あたり消費額とその内訳から，消費者は有田町へ来て，「有田焼」1個と軽食1回にお金を使っていると推察する。

　自動車利用による有田観光の経路探索回数は，図5-6に示されたとおり，

図5-5　有田観光の1人あたり消費額（内訳）

□ 有田焼購入費ほか　□ 飲食娯楽費　■ 交通費　■ 宿泊費　■ その他

2015年1人あたり 2,903円　有田焼購入費ほか 2,305　538

2019年1人あたり 2,573円　有田焼購入費ほか 2,011　469

（注）図中の観光客は，地元・県内・県外の日帰り客と宿泊延客の合計である。
出所：佐賀県商工労働部（2017；2021）『佐賀県観光客動態調査』から筆者作成。

図5-6　自動車利用による有田観光の経路探索回数

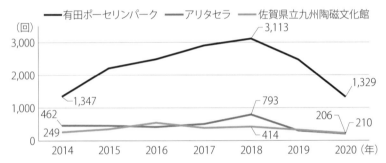

（注1）図中の経路探索回数は，株式会社ナビタイムジャパン「経路探索条件データ」にもと
　　　づく。
（注2）有田観光の交通手段は「自動車」が多いので，図中の経路探索回数は「自動車×休日」
　　　「自動車×平日」で抽出した合計回数である。
出所：内閣府「地域経済分析システム（RESAS）」からデータを収集し筆者作成。

2020年現在，有田ポーセリンパーク1,329回，陶山神社212回（図5-6未掲
載），佐賀県立九州陶磁文化館210回，アリタセラ209回の順で多い[3][4]。しか

---

(3) 有田ポーセリンパーク（佐賀県有田町戸矢乙340-28・入場料無料）は，宗政酒造
　　株式会社（所在地は有田ポーセリンパークと同じ）が運営するテーマパークである。
　　有田ポーセリンパークは，ドイツの伝統的な村を再現している。ツヴィンガー宮殿
　　（ドイツ・ドレスデン市）の複製建物が，有田ポーセリンパークのランドマークになっ
　　ている。
(4) アリタセラは，日用食器・贈答食器・業務用食器・高級美術品など，有田焼の商
　　店（卸売店兼小売店）22店舗と，ギャラリー・ホテル・レストランが敷地面積約

し，新型コロナウイルス感染症拡大前の2019年から経路探索回数は減っている。2020年現在，自動車利用による有田観光の経路探索回数は，以下，有田焼やきもの市場102回，チャイナ・オン・ザ・パーク91回，柿右衛門窯89回，有田温泉46回と続く。自動車利用の経路探索回数から，消費者は有田ポーセリンパークを目指して，有田観光へ来ていると推測する。

2. 調査の概要

2.1. 調査の背景

先述の「1. 佐賀県有田町の状況」から，消費者や観光客にとって佐賀県有田町といえば，「有田焼」「有田陶器市」「有田ポーセリンパーク」であろう。

佐賀県有田町の経済産業大臣指定伝統的工芸品「有田焼」は，2016年に創業400年を迎えた。その一方で，地域産品「有田焼」は，旅館や料亭等の大口需要が減少したことや，生活様式の変化，安価な輸入製品の流入などにより，「有田焼」生産の事業所数・従業員数・製造品出荷額等・付加価値額などが減少している。「有田焼」生産にかかわる技術者も，高齢化が進んでいる。

他方，有田町には，黒髪山や竜門峡などの優れた景観や，日本の棚田百選にも選ばれた岳地区の棚田など豊かな自然に恵まれている。有田町の観光客数は，近年250万人ほどで推移している。しかし，観光客数の約半数は，全国規模の集客力を持ち，年間125万人ほどが訪れる有田陶器市（毎年4月29日から5月5日までの7日間開催・図5-7参照）の観光客である[5]。その有田陶器市も新型コロナウイルス感染症拡大の影響を受けて，2020年と2021年は未開催であった。

6,600㎡に集積したショッピングモール（旧卸団地）である。

(5) 有田陶器市（有田商工会議所主催，1896年の陶磁器品評会を起源とする）は，毎年4月29日から5月5日までの7日間に催されていて，JR有田駅からJR上有田駅までの街道沿い約4kmに約450店が出店する。有田陶器市は，2019年に第117回が開催され，126万人が来場している。2019年から3年ぶり，2022年に開催された第118回有田陶器市の来場者数は，122万人であった。

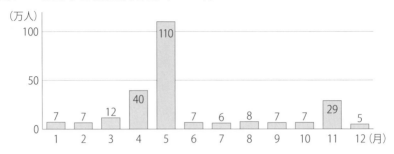

図5-7　有田町の月別観光客数（2019年）

（注）図中の観光客は，地元・県内・県外の日帰り客と宿泊延客の合計である。
出所：佐賀県商工労働部（2021）『佐賀県観光客動態調査』から筆者作成。

　有田町の地方創生や地域経済再生のためには，有田焼産業観光を充実させ，1年をとおした観光消費額の増額に結びつけていく必要がある。

2.2. 調査の目的と意義

　有田町では，食（農畜産物）と器（有田焼）の「産業観光」を推進していて，消費者の拡大と地域経済の再生に取り組んでいる。本調査の目的は，有田観光における「有田焼」市場を把握し，どうすれば「有田焼」が売れるかを検討するためのデータ収集である。有田観光における「有田焼」市場を把握するという点で，この調査結果は，有田観光だけにとどまらず，国内の「有田焼」市場を推測する有益な情報となろう。調査の概要は，以下のとおりである。

● 調査対象（母集団）‥‥有田観光客

● 調査数‥‥311組742人

● 調査方法‥‥アンケートによる標本調査

● 調査期間‥‥2021年4月29日〜2021年10月9日

● 調査場所‥‥アリタセラ（佐賀県有田町赤坂丙2351番地169）

● 調査項目‥‥図5-8参照

図5-8　アンケート表と調査項目

美濃焼　市場調査〈長崎県立大学地域産業研究室〉

Q1 あなた自身についてお聞きします。

性別	男性・女性	年齢	①〜10代	②20代	③30代	④40代	⑤50代
産住地域	①佐賀県	②愛知県	③三重県	⑥70代	④都府県（	⑤60代	⑤80代以上
同行人数	本人含む	人					

Q2 今日は、どなたと来られましたか。
1.ひとり　2.夫婦だけ　3.家族（夫婦以外）　4.友人
5.仕事仲間・同僚　6.地域の団体　7.援引率　8.その他（　）

Q3 今回、多治見市で1人あたりいくら使いましたか・いくらぐらい使う予定ですか。

宿泊機関人込	飲食込	その他いくら使した・いくら使う予定ですか	交通費	合計込
円	円	円	円	円

Q4 今日あなたが本製品を買った理由について、あてはまるもの全てを○で囲ってください。
1.買っていない　2.価格の手ごろさ　3.デザインの良さ　4.品質の良さ　5.贈答用
6.買い過ぎ　7.その他（　）

Q5 今日あなたが美濃焼を買った理由について、あてはまるもの全てを○で囲ってください。
1.買った　2.手に入りにくいものだった　3.デザインが気に入られなかった　4.気に入る物があった
5.ほしいブランドが無かった　6.その他（　）

Q6 今日あなたが美濃焼で来たきっかけや何から知ったか、あてはまるもの全てを○で囲ってください。
1.以前に来たことがある　2.Facebook　3.インスタグラム
4.ツイッター　5.Youtube　6.web サイト　7.チラシ　8.雑誌　9.新聞
10.ラジオ　11.クチコミ　12.その他（　）

Q7 今日を入れて何回多治見市に来られたことがありますか。1だけ○で囲ってください。
1.はじめて　2.2回　3.3〜4回　4.5回以上　5.10回以上　6.近隣住民の地元客

Q8 今日あなたが多治見市で、行かれたところ・行く予定のところ、全てを○で囲ってください。
1.雨に黒い　2.本町オリベストリート　3.セラミックパーク MINO　4.美濃焼窯元商店
5.飲食店　6.百貨店　7.虎屋体験所　8.多治見現代モザイクタイルミュージアム　9.その他

Q9 多治見を知らない私ら大学生に、オススメの窯元や美濃焼ブランドを教えてください。

オススメの窯元、美濃焼ブランドをご記入ください。

Q10 多治見市を知らない私ら大学生に、オススメの道沿場所を教えて下さい。

多治見市でオススメの道沿場所をご記入ください。

Q11 今日あなたが多治見市まで来られた主な交通機関について、1つだけ○で囲ってください。
1.自家用車　2.レンタカー　3.タクシー　4.鉄道（観光）バス　5.路線バス
6.高速バス　7.バイク　8.徒歩・自転車　9.JR　10.その他（　）

Q12 今日あなたが多治見市で、行かれたところ・行く予定のところ、全てを○で囲ってください。
1.特に無い　2.名古屋市　3.土岐市・土岐プレミアムアウトレットモール
4.瑞浪市　5.可児市　6.青山市　7.白川村　8.その他（　）

Q13 あなたにとって、多治見市に足りないものは全てを○で囲ってください。
1.便利な公共交通　2.飲食店　3.宿泊施設　4.周辺観光ツアー　5.国内交流
6.情報提供　7.その他（　）

Q14 今回の多治見観光について、あてはまるもの1つを囲ってください。
1.満足しなかった　2.あまり満足しなかった　3.やや満足した　4.満足した

Q15 今日あなたが来られた目的について、あてはまるもの全てを○で囲ってください。
1.美濃焼の鑑賞　2.美濃焼の購入　3.特産品（美味雪のどく）の購入　4.自然観賞
5.食・グルメ　6.歴史めぐり　7.人との交流　8.温泉入浴　9.ビジネス
10.イベント　11.思い出づ　12.その他（　）

Q16 今日多治見市に滞在した時間・滞在する予定時間を教えてください。（2時間→120分）
およそ（　）ぐらい

Q17 今回、多治見市へは日帰りですか、それとも宿泊ですか。
1.日帰り　2.宿泊（泊数：　泊）　市町村・ホテル名

Q18 焼き物以外の多治見市の魅力について、あてはまるもの全てを○で囲ってください。
1.豊かな自然　2.町並み文化の融業　3.イベント　4.食・グルメ　5.ショッピング
6.体験プラン　7.主交え方　8.人　9.歴史や文化　10.その他

Q19 多治見市にまた来られたいと思いますか。
1.リピートしたい　2.リピートしたいと出来ない
リピートしたい　リピートしたくない理由（　）
リピートしたい　リピートしたくないお客様な（　）

出所：筆者作成。

3. 調査結果抜粋(6)

●調査結果Q1（回答代表者の性別・年齢層・住所・観光人数）

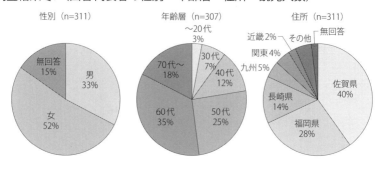

性別（n=311）　　年齢層（n=307）　　住所（n=311）

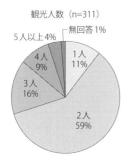

観光人数（n=311）

●調査結果Q2（観光形態）

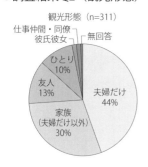

観光形態（n=311）

●調査結果Q7（有田観光の回数）

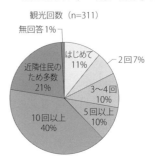

観光回数（n=311）

---

(6) すべての調査結果は，竹田（2022）「有田観光と有田焼の市場調査：2021年度長崎県立大学受託研究成果報告書」を参照されたい。

●調査結果Q3（1人あたりの有田焼購入費（左）・1人あたりの飲食費（右））

有田焼購入費（n＝311・avg.7,181円）

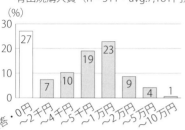

飲食費（n＝311・avg.1,049円）

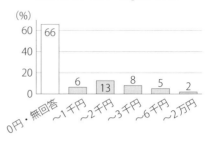

●調査結果Q9（オススメの有田焼窯元/有田焼ブランド・複数回答・n=62）

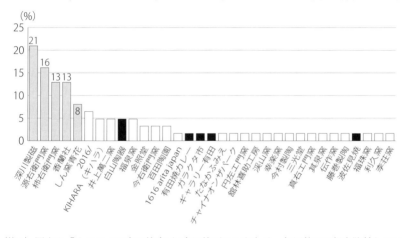

（注1）図中の「オススメの有田焼窯元/有田焼ブランド」は，無回答249組を除外している。

（注2）図中の「白山陶器」は波佐見焼窯元，「有田焼カレー」は食事メニュー，「ガラクタ市」は有田陶器市，「ギャラリー有田」は飲食店名，「波佐見焼」は他産地のブランド名と推察するが，消費者が認識している「オススメの有田焼窯元/有田焼ブランド」として，そのまま記載している。

●調査結果Q10（オススメの有田観光スポット・複数回答・n=58）

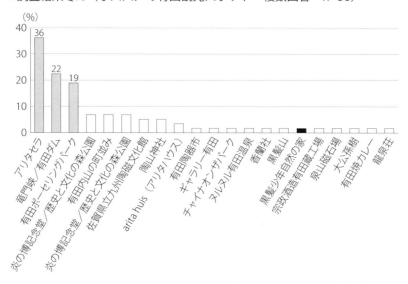

(注1) 図中の「オススメの有田観光スポット」は，無回答253組を除外している。
(注2) 図中の「黒髪少年自然の家」の所在は佐賀県武雄市，「有田焼カレー」は食事メニューであるが，消費者の認識している「オススメの有田観光スポット」として，回答のまま記載している。

●調査結果Q15（有田観光の目的・複数回答・n=307）

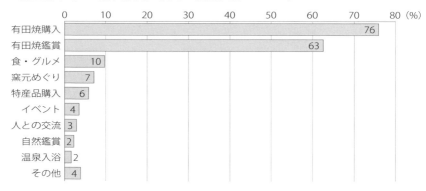

(注1) 図中の「有田観光の目的」は，無回答4組を除外している。
(注2) 図中の「イベント」は，回答者の有田町訪問日から，未開催の有田陶器市を誤回答している可能性がある。

●調査結果Q16（有田町滞在時間・n=311）

4. 有田焼のSTP分析

4.1. どのような客層に有田焼を売っていくか①：市場細分化分析

　有田焼の購入理由は，調査結果Q4より（本書未掲載），「デザインの良さ」27％（複数回答），「品質の良さ」18％（複数回答），「値段の手軽さ」13％（複数回答），「買い替え」11％（複数回答），「贈答用」3％（複数回答）の順で多かった。

　観光客の有田焼購入率は，調査結果Q3の一部（1人あたりの有田焼購入費）より，73％（購入227組・未購入84組）であった。アンケート調査期間は，主に2019年4月29日から5月5日までの有田陶器市開催期間である。2021年は，有田陶器市が未開催であったにもかかわらず，一定数の消費者が有田焼購入に，アンケート調査場所であるアリタセラへ来ていたという結果である。

　有田焼購入率73％の内訳は，「60代」27％，「50代」18％，「70代～80代」12％，「10代～40代」16％の合計である。調査結果のQ1・Q2と調査結果Q3の一部（1人あたりの有田焼購入費）から，「50代」「60代」「70代」の「夫婦だけ」「夫婦だけ以外の家族」に有田焼購入者が多い。

　年齢別の1人あたり有田焼購入費は，図5-9に示されたとおり，「60代×5,001円～100,000円」13％（41組/311組），「60代×3,001円～5,000円」10％（32

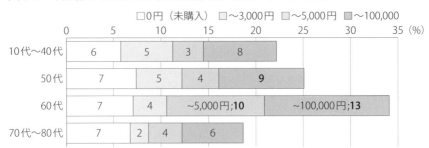

図5-9　年齢別の1人あたり有田焼購入費（2021年・n=311）

出所：筆者実施によるアンケート調査の結果から筆者作成。

組/311組），「60代×5,001円～100,000円」9％（28組/311組）の順で多い。アリタセラで有田焼を購入した消費者には，①60代×高額商品（5,001円～100,000円），②60代×中額商品（3,001円～5,000円），③50代×中額商品（3,001円～5,000円），という3つの大きな市場があるとわかった。これら3つの市場に対して，3C分析とSTP分析を行い，どのように差別化していくのか[7]。各社のマーケティグ戦略に期待したい。なお，図5-9データをカイ2乗検定した結果，上述のとおり，年齢層別の1人あたり有田焼購入費には偏りがあった（$\chi 2(9)=17.863$, $p<0.05$）。

4.2. どのような客層に有田焼を売っていくか②：ターゲット分析

　図5-10に示されたとおり，有田観光の1人あたり消費額は10,304円，有田観光の1人あたり有田焼購入費は7,181円であった。図5-10では，1人あたり消費額が10,304円を上まわる消費者を高額消費者，1人あたり消費額が10,304円を下まわる消費者を低額消費者と区分した。

　高額消費者は，全回答者の15％を占めていて，1人あたり消費額は29,929円，1人あたり有田焼購入費は18,960円であった。他方，低額消費者は，全回

---

[7] 3C分析とは，マーケティング分析に必要不可欠な3要素である顧客（Customer），自社（Company），競合他社（Competitor）について自社の置かれている状況を分析する手法である。詳しくは，第3章の注（9）（10）を参照されたい。

図5-10　有田観光の1人あたり消費額（2021年・n=311）

□有田焼購入費 ■飲食費 ▨土産購入費 ▩交通費 ■宿泊費

（円）

311組（100％）1人あたり10,304円　7,181

高額消費者（15％）平均額29,929円　有田焼購入費18,960　4,219

低額消費者（85％）平均額 4,284円

2,656　3,285

808

3,568

出所：筆者実施によるアンケート調査の結果から筆者作成。

答者の85％を占めていて，1人あたり消費額は4,284円，1人あたり有田焼購入費は3,568円であった。

　前述の市場細分化分析と合わせて，有田観光における有田焼購入のターゲットは，60代を中心に，①60代×高額消費者，②50代×高額消費者であろう。

4.3. どのような客層に有田焼を売っていくか③：ペルソナ分析

　STP分析は，①市場細分化（segmentation）分析，②ターゲット（targeting）分析，③自社立ち位置（positioning）分析からなるが，無数ある「有田焼」の自社立ち位置分析は，各社にゆだね，本節では，筆者が考える有田観光のペルソナ（理想の消費者像）を例示したい。筆者が考える有田観光のペルソナ（理想の消費者像）は，アンケート回答番号303（訪問日2021年5月3日・60代・女性・福岡県在住・夫婦2人だけ・有田観光回数10回以上・1人あたり消費額59,000円）である。アンケート回答番号303の観光消費額は，夫婦2人で118,000円（有田焼購入費100,000円・飲食費6,000円・宿泊費12,000円）であった（調査結果Q3参照）。

　アンケート回答番号303（福岡県在住60代夫婦）は，自家用車で有田観光へ来ていて，アリタセラのほかに有田ポーセリンパークと九州陶磁文化館へ行っている。アンケート回答番号303（福岡県在住60代夫婦）は，佐賀県武雄市で宿泊して有田観光へ来ているので，飲食店と宿泊施設が有田観光には不

足していると答えている。アンケート回答番号303（福岡県在住60代夫婦）の観光目的は，有田焼鑑賞・有田焼購入・有田焼以外の特産品購入・窯元めぐりであり（調査結果Q15参照），有田観光の魅力は，豊かな自然・町なみや旧跡・人と回答している。アンケート回答番号303（福岡県在住60代夫婦）の有田焼購入理由は，デザインの良さ・品質の良さ，オススメの有田焼窯元は「無し（無回答）」であった（調査結果Q9参照）。

　アンケート回答番号303（福岡県在住60代夫婦・有田観光回数10回以上・夫婦2人の有田観光消費額118,000円）のような有田焼ファンや有田観光ファンである熱狂的リピーターに向けて，どのような有田焼（モノ）を作り売るのか，どのような産業観光（コト）を提供するのか，各社のマーケティグ戦略に期待したい。

5. まとめとフィードバック

5.1. まとめ

　佐賀県有田町の経済産業大臣指定伝統的工芸品「有田焼」は，2016年に創業400年を迎えた。その一方で，地域産品「有田焼」は，旅館や料亭等の大口需要が減少したことや生活様式の変化，安価な輸入製品の流入などにより，「有田焼」生産の事業所数・従業員数・製造品出荷額等・付加価値額などが減少している。「有田焼」生産にかかわる技術者も，高齢化が進んでいる。

　他方，有田町には，黒髪山や竜門峡などの優れた景観や，日本の棚田百選にも選ばれた岳地区の棚田など豊かな自然に恵まれている。有田町の観光客数は，近年250万人ほどで推移している。しかし，観光客数の約半数は，全国規模の集客力を持ち，年間125万人ほどが訪れる有田陶器市の観光客である。その有田陶器市も新型コロナウイルス感染症拡大の影響を受けて，2020年と2021年は未開催であった。

　有田町の地方創生や地域経済再生のためには，「有田焼」の産業観光を充実させ，1年をとおした観光消費額の増額に結びつけていく必要がある。

「有田焼」などの地域産業は，その土地ならではの魅力であり，地域経済を支える大きな柱である。新しいモノや新しいコトが生まれては，注目を集めている。新しいモノや新しいコトは，私たちの生活を豊かにしてくれるが，地域産業を再生しなければ，どこの地域も似たような場所になり，地域に魅力も感じられなくなってしまう。他の地域と差別化するためにも，地域産業の再生は必要不可欠であり，地域産業の再生をあきらめてはならない。新しいモノや新しいコトを取り入れた地域産業の再生に取り組むべきである。

有田町での，①絵付け体験などサービス（無形商品）に価値を感じてお金を使う「コト消費」，②品格・伝統・四季感を商品コンセプトにした有田焼などモノ（有形商品）に価値を感じてお金を使う「モノ消費」，③そのトキ・その場所でしか消費できない心トキめくモノやコトに価値を感じてお金を使う「トキ消費」の3つの消費額を増やすことが，有田焼産業の再生につながると結論づける。観光客数の増数ではなく，有田観光の1人あたり消費額（客単価）増額に取り組むべきである。

アンケート回答番号303（福岡県在住60代夫婦）のような有田焼ファンや有田観光ファンである熱狂的リピーターに向けて，どのような有田焼（モノ）を作り売るのか，どのような産業観光（コト）を提供するのか，各社のマーケティグ戦略に期待したい。

5.2. 本章の調査報告に対する有田町関係者からのフィードバック

① 有冨和美専務理事（有田商工会議所・2022年2月9日筆者インタビュー）

有田町において，地域産業の核となる有田焼と有田観光の実態が本章の調査報告でより鮮明になっている。有田焼産業は，内的要因と外的要因によって，厳しい状況が続いている。有田焼産業の厳しい状況は，本章の調査報告にある数値のとおりである。

有田焼産業では，業績低迷の結果，窯元と商社に格差が生じている。事業承継についても，約7割近くが後継者不明であり，製造業としての有田焼は，将来が明るいと言えない。しかしながら，有田焼産業は，地域経済の柱であり再

生しなければならない。窯元や商社では，将来を見据えた取り組みを進めていて，成果も出ている企業もあり，期待している。

　有田観光の観光客数は，コロナ禍の2020年と2021年を除いて，年間約250万人前後で推移していた。有田町には，魅力ある観光資源があり，さらなる情報発信が重要である。有田焼の購入者については，本調査のペルソナが主要客層であるが，「2020年Web有田陶器市」のアクセス者は，20歳から45歳までが全体の6割を占めていたので，若年層も有田焼の購入ターゲットであることがわかった。コロナ後は，有田焼産業界として，SDGsへの取り組みや「コト」「モノ」「トキ」の消費提供が，有田焼と有田観光の発展に繋がると信じ，地域経済の振興と発展に努めていきたい。

② 東福昌勝2021年度校長（佐賀県立有田工業高等学校・2021年12月1日筆者インタビュー）

　私は時間を見つけて有田町内を散策している。平日はもちろん，休日でさえも，有田町内に人どおりは少ない。そういう点で，この調査結果は想定内であった。

　佐賀県鳥栖市出身の私から見れば，有田町の良さや有田観光の見どころはたくさんある。たとえば，岳の棚田や黒髪山をはじめとした自然，九州陶磁文化館・陶山神社・有田民族歴史資料館などの文化施設，カフェレストランのギャラリー有田などがある。ギャラリー有田に行けば，2,000種類ある「有田焼」の中から，好みのカップ＆ソーサーカップを選んでコーヒーが飲める。有田町内を歩いて，歩道や橋の欄干などのいたるところで「有田焼」の陶板が目に入る。地元の人にとっては普通の光景であるが，このような普通の光景も活用次第では有効な観光資源になるだろう。

　有田工業高等学校は，授業をとおして有田町のイベントなどに参加している。この調査は，地域と連携した取り組みを行っている本校にとって，たいへん参考になった。この調査が大学生と高校生の共同研究につながり，有田工業高等学校が有田町の地域経済活性化の一翼を担えれば幸いである。

③ 藤井昭三2019年度校長（有田町立有田中学校・2021年10月9日筆者インタビュー）

　「生徒に将来の夢や志をもたせ，有田へ貢献できる人材を育てる」というのが有田中学校での，私たちのミッションでした。そのために，キャリア教育に力を入れ，地域再発見のための教育活動を推進しました。生徒には，自立・貢献することを常に求めました。私たちは，有田を愛する生徒を育てたいと考えていました。

　本章の調査報告から，有田中学校における教育活動の次のステップがぼんやりと見えてきました。夢を語るばかりでは将来，食べていけません。現実的に将来，豊かに有田で生活していくためには，どんなことをこれから取り組んでいけばよいか考える，意味のある調査です。有田町内の中高生と全国の大学生たちで「未来の有田を語る」交流会を催していければと思います。

④ 西山美恵子代表（キッチン・グランマ・2021年10月14日筆者インタビュー）

　有田町の状況を数字で見るということを日頃ほとんどしたことがなく，とても参考になりました。有田町の現状を改めて頭に入れて，打つ手を考えていかなければと思います。竹田先生がいつも話されている「コト消費」について，私たちのような「おばあちゃん」世代でも，食と器を体験してもらう「コト消費」をとおして，有田町経済活性化の糧になりたいです。「有田焼」を詳しく知らない人向けの販売促進に力をいれるべきという竹田先生の提言にもかなうと思います。肩に力が入りすぎないように楽しくやっていきます。

⑤ 藤本浩輔代表取締役（藤巻製陶・2022年1月31日筆者インタビュー）

　有田焼産業が目指すべきは，経験経済（Experience Economy）でしょう。企業は，たんに商品やサービスだけを提供するのではなく，消費者の心の中に作られる情緒や感性に根付く経験的価値を提供することで，より強いブランドを構築していくという考え方が，経験経済の考え方です。経験経済の良い例が

ディズニー・ランドです。

2021年秋，有田焼の若手窯元有志で開催したイベントで，有田焼の製造工程をしっかりと伝え，不可抗力で発生した規格外品の定価販売を試みました。若い消費者は，有田焼の規格外品を好意的に受け止め，有田焼の規格外品を定価で購入いただきました。

有田焼産業は，いままで技術やデザインに重きを置いてきました。しかし，これからは，有田焼の良さを「伝える」術を磨き，経験経済の考え方を取り入れるべきでしょう。有田焼がこれまで培ってきた「モノ」に，時流の求める「コト」がくわわれば，有田焼は新たなステージへとシンカ（進化・深化）できると確信しています。

⑥ 諸隈洋介議員（有田町議会・2022年1月29日筆者インタビュー）

現状を把握するために調査する。このような調査は，これまで有田でも何回か行われたが，調査後の対策や改善は鈍かった。対策や改善の総論は何となく理解できていても，いざ，何をすれば良いかがわからず，時間だけが過ぎていくのを繰り返してきた。

しかし，本章の調査報告にあるように，有田焼の現状はとても厳しく，近い将来，地場産業として成り立つかどうかの岐路に立っている。たとえば有田焼の材料となる天草陶石（熊本県天草下島産地）は，有田焼をはじめとする磁器製食器の需要減退と生産量減少の影響を受けて鉱石量を減らしているので，石炭鉱山のように閉山の可能性もある。原材料の確保も含めて，サプライチェーンの再構築，経営の安定，職人の育成，技術の伝承など，いま対策や改善しないといけないことが多い。

このようなことをサプライチェーンの関係者全員で考え，有田焼産地を存続させていきたい。たとえば，サプライチェーン全体をまるごと産業観光化するような斬新なビジネスアイデアが生まれることを願う。サプライチェーンの関係者全員と行政が，産業支援型の産業観光や農業観光を整備していけば，地域の問題点や課題が，逆に観光資源となる時代が来そうな予感はする。

⑦ **鷲尾佳英 2021 年度課長（有田町商工観光課・2022 年 1 月 27 日筆者インタビュー）**

　本章の調査報告では，有田観光や有田焼に関する課題が浮き彫りとなっている。地域経済活性化のためには，地場産業である有田焼産業のさらなる振興や発展が不可欠である。

　有田焼を軸とした有田観光に新たな付加価値を付け，年間を通じて多くの方に来訪していただけるよう取り組んでいく。課題は山積しているが，有田町役場としても関係団体や各事業者をはじめ周辺自治体等と連携した取り組みを進め，観光地域づくりを推進していきたい。

⑧ **山口睦 2021 年度専務理事（有田観光協会・2022 年 1 月 25 日筆者インタビュー）**

　有田観光協会では，「秋の有田陶磁器まつり」（毎年 11 月中旬開催）と「有田雛のやきものまつり」（毎年 2 月初旬～ 3 月中旬開催）で来場者アンケートを集めている。来場者アンケートでは，「まつり」に対する満足度や，次回「まつり」へのリピート意欲が非常に高い。有田観光協会が「まつり」で集めたアンケートでも，本章の調査報告のように，有田町内での消費額に大きなばらつきがある。なかには消費額が数十万円の消費者もおられる。しかし，「まつり」来場者のボリュームゾーンは 5,000 円前後であり，多くの「まつり」来場者が有田町内であまりお金を使うことなく，帰途についている。

　本章の調査報告のペルソナにあった「60 代の有田焼ファン」へのアプローチも有田観光協会では継続していく。くわえて，これからのターゲットを育てる意味でも 20 代～ 30 代の若い層に向けて，有田観光協会では，有田観光でしか味わえない経験や発見と学びなどの「コト消費」を増やしていく。その対価が有田町内に落ち，地域経済がまわるようにしたい。

⑨ **深川祐次代表取締役社長（香蘭社・2021 年 12 月 11 日筆者インタビュー）**

　本章調査報告のとおり，有田滞在の時間を長くすることが有田観光の課題だ

と我々も認識している。ショッピングだけならそんなに時間はかからない。ゆえに「第17回秋の有田陶磁器まつり」（2021年11月19日〜2021年11月23日開催）は，有田町内の紅葉を楽しみながら，ゆっくりとモノ消費（有田焼購入）していだいこうと始めて17年目になる。モノ（有田焼）を買ったらすぐに帰るのでは有田の良さが伝わらない。有田へ来たからには，消費者に「有田町の歴史を知りたいので有田民俗資料館へ行きたい」「有田焼の歴史を知りたいので九州陶磁文化館へ行きたい」「有田の町なみや旧跡を歩きたいので陶山神社・内山地区へ行きたい」と思わせるコト消費やトキ消費が要ると考えている。「秋の有田陶磁器まつり」はトキ消費の一つであろう。調査報告に書かれている「コト」「モノ」「トキ」の消費を促して，「地域の稼ぐ力」を育成していきたい。①地域経済活性には，若い人の考えや，客観的に観る外部（他町・他県の人）の意見が必要不可欠である。②若い人や外からの人から出たアイデアを培養する風土も，地域経済活性には必要不可欠である。③地元に住む者の我々当事者の意識を高めることも，地域経済活性には必要不可欠である。有田朝飯会（呼びかけ人：深川祐次・高田亨二，毎月第2土曜日開催）では，上述の3つの必要不可欠を創造しようと取り組んでいる。

⑩ 森澤孝志（長崎県立大学地域創造学部2021年度4年生・2022年1月6日筆者インタビュー）

　本章の調査報告に書かれているように，「有田焼」のターゲットは「50代以上×高額消費者」であろう。しかし，これからは10代〜40代に向けて，販売促進しなければならない。検品基準を下げて廃棄品を減少させようと試みているNEXTRAD（ネクストラッド・有田陶交会の有志13社）や，トレジャー・ハンティングという付加価値を廃棄品につけている徳永陶磁器株式会社（佐賀県有田町丸尾丙2512）などが，「有田焼」SDGsの取り組みである[8]。「有田焼」

---

(8) 以下，藤本浩輔氏（有限会社藤巻製陶代表取締役社長・佐賀県有田町外尾山丙1804）。「有田焼産地の持続可能性のためには，環境負荷軽減と収益構造改革が直近の課題である。完成品廃棄を少しでも減らすことができれば，結果としてCO_2排出量や

108

SDGsの取り組みが，新たに10代〜40代消費者の購買意欲を刺激するかもしれない。

　他方，株式会社伯父山（佐賀県有田町応法丙3565）などのように，商社を経由せず，「30代〜50代×女性」の消費者と直接つながろうとする「有田焼」窯元も増え始めている（岩永真祐氏・株式会社伯父山代表取締役社長・2021年12月22日森澤インタビュー）。

〔謝辞〕
　アンケート調査実施にご助力いただいた金子真次代表取締役社長（有限会社金照堂），フィードバックにご協力いただいた有冨和美専務理事（有田商工会議所），東福昌勝2021年度校長（佐賀県立有田工業高等学校），藤井昭三2019年度校長（有田町立有田中学校），西山美恵子代表（キッチン・グランマ），藤本浩輔代表取締役（有限会社藤巻製陶），諸隅洋介議員（有田町議会），鷲尾佳英2021年度課長（有田町商工観光課），山口睦2021年度専務理事（一般社団法人有田町観光協会），深川祐次代表取締役社長（株式会社香蘭社）に感謝申し上げる。
　アンケート調査とインタビュー調査の実施にかかわった森澤孝志（長崎県立大学2021年度4年生）の労をねぎらいたい（敬称略）。

廃棄物を減らし，収益率をあげることにつながる」（2021年10月15日・森澤インタビュー）。
　以下，徳永隆信氏（徳永陶磁器株式会社代表取締役社長）。「弊社のオンライン・トレジャーハンティングは広告宣伝費と考えている。新しいことに挑戦することが大事である。ECにはアーカイブが残る。アーカイブが増えていく過程をお客さんに楽しんでいただければ，自社のファンを作ることができ，廃棄品も減っていく」（2021年5月4日・森澤インタビュー）。

? 考えてみよう

(1) 任意の地域ついて，図5-6を参考に，地域観光スポットへの経路探索回数
　　を調べ，消費者の嗜好を考えてみよう。

(2) 任意の地域について，調査結果Q10（オススメの有田観光スポット）を
　　参考に，人気の地域観光スポットを調べ，経路探索回数結果と異なる要因，
　　または類似する要因を考えてみよう。

【参考文献】

有田町まちづくり課（2017）『第2次有田町総合計画』。

有田町まちづくり課（2020）『第2期有田町まち・ひと・しごと創生総合戦略』。

経済産業省経済産業政策局調査統計部（2021）『2019年工業統計調査（2018年実績）
　　産業細分類別統計表（経済産業局別・都道府県別表）』経済産業調査会。

佐賀県商工労働部観光課（1999：2022）『佐賀県観光客動態調査』。

産業観光推進会議（2014）『産業観光の手法：企業と地域をどう活性化するか』学芸
　　出版社。

須田寛（2005）『産業観光読本』交通新聞社。

竹田英司（2022）「有田観光と有田焼の市場調査：2021年度長崎県立大学受託研究
　　成果報告書」『長崎県立大学論集』55（4），263-290頁。

内閣府まち・ひと・しごと創生本部「地域経済分析システム（RESAS）」(https://re-
　　sas.go.jp/)。2021年1月18日アクセス。

第6章
有田焼産業の再生と産業観光[(1)]

1. 研究課題

1.1. 研究の背景

　日本経済は，COVID-19（新型コロナウイルス感染症・2019年12月中国武漢市発症）拡大の影響によって，国難ともいうべき厳しい状況に置かれている。国内総生産（GDP）支出面のうち，民間最終消費支出である個人消費が半数以上を占めているが，外出自粛による消費者マインドの影響を受けて，個人消費は停滞している。地域経済に目を向けると，外出自粛による消費の落ち込みや国内外観光客の減少などから，休廃業に追い込まれる事業所も増えている。地場産業や伝統産業とよばれる日用品の生産地では，新型コロナウイルス感染症拡大の影響を受けて事業所数が減り，生き残る生産地と消えゆく生産地の差が顕著に表れるであろう。持続可能な（sustainable）地域経済のためには，地域外から所得を獲得する「地域の稼ぐ力」（地域の移出産業）の再生や育成が不可欠である。地方創生や地域経済再生に向け，「地域の稼ぐ力」である地域の移出産業を再生や育成すべきである。

1.2. 研究の目的と意義

　生き残る生産地と消えゆく生産地の違いは何か。地場産業や伝統産業などを産業観光化することによって，「地域の稼ぐ力」である地域の移出産業を再生や育成できるのか[(2)]。本章の目的は，佐賀県有田町の「地域の稼ぐ力」（移出

---

(1) 本章は，新型コロナウイルス感染症（COVID-19）拡大後の2020年調査結果である。
(2) 「産業観光とは歴史的・文化的価値のある産業文化財（古い機械器具，工場遺構などの産業遺産），生産現場（工場，工房など）および産業製品を観光資源とし，それ

産業）の再生と育成を検討することである。

　モノ消費に対する地域産業振興策に留まらず，コト消費・モノ消費・トキ消費をかけ合わせた産業観光振興策を検討する点が本章の学術的独自性である。「有田焼」生産地再生の可能性を検証することは，人口5万人未満の地方町村における地方創生や地域経済再生を検討することにつながるであろう[3]。

1.3. 研究対象「有田町と有田焼」の概要

　佐賀県有田町（2022年3月31日人口19,145人）は，佐賀県西部の中山間地域であり，2006年3月1日に旧西有田町と旧有田町が対等合併して誕生した。旧西有田町は棚田米・葡萄・佐賀牛の生産地であり，旧有田町は有田焼（磁器）の生産地である。有田町まちづくり課（2017）によれば，現在の有田町は，「食（農畜産物）と器（有田焼）の産業観光」（104頁）を振興している。いま有田町では，株式会社有田まちづくり公社（2015年発足・地域DMO）と一般社団法人有田観光協会（2011年発足）が中心となって，「有田焼」生産地の農業観光と産業観光に取り組んでいる。

　有田焼は「伝統的工芸品産業の振興に関する法律」（1974）にもとづいて，経済産業大臣が1978年に指定した経済産業大臣指定伝統的工芸品「伊万里・有田焼」である。経済産業大臣指定伝統的工芸品「伊万里・有田焼」の生産地は，佐賀県の有田町・伊万里市・武雄市・嬉野市である。「伊万里・有田焼」は，江戸時代に伊万里港から積み出されていたので，「伊万里焼」とよばれていた[4]。

らを通じてモノづくりの心にふれるとともに，人的交流を促進する活動をいう」（須田2005・8頁）。「産業観光は『みる』ことを中心とする従来型の観光にくわえて，『学ぶ（知る）』『体験する』という3つの要素を同時に備える，新しいタイプの観光である」（産業観光推進会議2014・31頁）。

(3) 2040年に若年女性人口が50％以下に減少する人口1万人以上の市町村「消滅可能性都市」（増田2014）の予測において，佐賀県有田町の2010年〜2040年若年女性人口減少率は45％減少であった。50％減少まで達していないので，有田町は消滅可能性都市ではない。

(4) 詳しくは，第3章の注（2）を参照されたい。

佐賀県の有田町・伊万里市・武雄市・嬉野市・唐津市と，長崎県の佐世保市・平戸市・波佐見町からなる「肥前地域」は，2016年，日本遺産「日本磁器のふるさと肥前」に認定されている[5]。日本遺産認定後は，「肥前窯業圏」活性化推進協議会によって，有田焼（有田町）・伊万里焼（伊万里市）・武雄焼（武雄市）・肥前吉田焼（嬉野市）・唐津焼（唐津市）・三川内焼（佐世保市）・波佐見焼（波佐見町）と，生産地別に地域ブランド化が図られている。

本章では，人口5万人未満の地方町村・佐賀県有田町とその地域産品「有田焼」を研究対象にする。

2. 先行研究の整理

2.1. 地域産品「有田焼」に関する先行研究

地場産業のなかで，100年以上続く「伝統的」製法で作られたモノが経済産業大臣指定伝統的工芸品である[6]。有田焼には，①経済産業大臣指定伝統的工芸品「伊万里・有田焼」，②経済産業大臣指定伝統的工芸品に該当しない地域産品「有田焼」，③生産地（made in Arita）を指す有田産「有田焼」という3種類の「有田焼」が混在している。混在する3つの有田焼を合わせた通称が伝統工芸有田焼であり，消費者には区別がつきにくい。

100年以上続く「伝統的」製法で作られたという伝統的工芸品産業の振興に

---

(5) 日本遺産「日本磁器のふるさと肥前」に認定されている有田町の史跡・工芸品・祭りなどの文化財は，日本遺産公式webページによれば，次の14件（括弧内は指定文化財の種類）である。①柿右衛門窯跡（国史跡），②有田内山伝統的建造物群保存地区（国重要伝統的建造物群保存地区），③初代金ヶ江三兵衛墓碑（町史跡），④陶山神社鳥居（国登録有形文化財），⑤陶祖李参平之碑（町史跡），⑥柴田夫妻コレクション有田磁器（国登録有形文化財），⑦蒲原コレクション（未指定），⑧染付山水図輪花大鉢（国重要文化財），⑨染付白鷺図三脚皿（国重要文化財），⑩柿右衛門濁手（国重要無形文化財），⑪色鍋島（国重要無形文化財），⑫天神森窯跡（未指定），⑬陶祖祭（未指定），⑭有田陶器市・秋の有田陶磁器祭り（未指定）。
(6) 「伝産法（伝統的工芸品産業の振興に関する法律（1974年交付・1992年と2001年一部改正））」第2条による経済産業大臣指定伝統的工芸品の要件は，第2章第1節を参照されたい。

関する法律（伝産法）の区分から，たとえば焼成方法では，薪窯やガス窯の一部で還元焼成されたやきものだけが経済産業大臣指定伝統的工芸品「伊万里・有田焼」，電気窯・灯油窯・ガス窯で酸化焼成されたやきものが経済産業大臣指定伝統的工芸品に該当しない地域産品「有田焼」となる。ほかにも，成形方法ではローラーマシーンや圧力鋳込みなど，装飾方法ではパット印刷・スクリーン印刷・銅板紙・転写紙などによって生産されたやきものが経済産業大臣指定伝統的工芸品に該当せず，地域産品「有田焼」となり工業製品である[7]。

経済産業大臣指定伝統的工芸品「伊万里・有田焼」は，1616年，佐賀藩有田泉山の白磁石を材料に，陶工・李参平が作った日本初の白磁器を起源とする。重要無形文化財保持者（通称・人間国宝）や伝統工芸士，有田三右衛門（柿右衛門・今右衛門・源右衛門）などが，いまも経済産業大臣指定伝統的工芸品「伊万里・有田焼」を生産している。

世の中に1つしかないモノ（美術品または美術品に近いモノ）を作るのが工芸品であり，製品規格を満たすモノ（工業製品）を作るのが地域産品である。

本書は，地域産品「波佐見焼」「美濃焼」「有田焼」に関する調査研究である。

地域産品「有田焼」は，高度経済成長期（1954年–1970年）からバブル経済期（1986年–1991年）を経て，①百貨店で売られる高級食器（嗜好品），②飲食店で使われる業務用食器，③ホテルや旅館で使われる割烹食器など，販路に合わせて需要が増えた[8]。しかし，バブル経済崩壊後（1991年）からITバブル経済崩壊後（2002年）までの間に，①和食器を必要としない生活様式，②コンビニエンスストア・100円ショップ・スーパー・ディスカウントストア

---

(7) 地域産品「有田焼」は，「長崎県の波佐見や三川内の窯元に有田焼の生地生産を外注する形で，戦後にも有田焼産地は高度な分業体制を構築し，海外向け洋食器の代表的産地である美濃焼産地に次ぐ国内の代表的な和食器産地として急成長を遂げた」（山田雄ほか2019・7頁）。

(8) 「高級磁器である有田焼の需要は全国の温泉地で発展を遂げたが，さらに都市部でも急速に有田焼の販売額が増額し，戦前期より取引関係にあった三越や高島屋，大丸などの老舗百貨店を中心に，有田の香蘭社や深川製磁などの高級陶磁器に対する需要が戦後進展した」（山田雄ほか2019・10頁）。

との競合，③安価な輸入品や国内低価格品との競合により，地域産品「有田焼」の需要は減った[9]。1990年代は分野を問わず低価格商品が求められたが，手仕事を残した有田焼は高価格のため，市場で売れなくなっていった（米光2010・201頁）。

　現代のライフスタイルに対応した商品開発と，高品質食器の安定的に供給する地域内分業生産体制の構築は，「有田焼」生産地では困難だった（山田雄ほか2014）[10]。しかしながら，香蘭社や深川製磁が人材育成に，柿右衛門窯や今右衛門窯が技術伝承に，それぞれ貢献したので「有田焼」生産地は生き残れたと，山田幸（2018）は指摘している[11]。

　地域産品「有田焼」の問題点は，産地に市場の情報が不足し，消費ニーズが正確に理解できないので，売れる商品を開発できていないことにある（米光2010・202頁）。大木（2012）も「有田焼」生産地のプロデューサー不在と，地域産品「有田焼」が消費ニーズを捉えられていないことを指摘している[12]。有田焼の共販売上高は1990年の158億8,700万円に対し，2015年は19億5,000万円であった。有田町の陶磁器関係販売商店数も，ピークの1997年305店か

---

(9)　柴田明彦氏（大有田焼振興協同組合顧問アドバイザー・1997年当時）の提言「有田では原料や技術，設備と経営規模から鑑みて，量産低価格による競争が不可能であり，（岐阜県）東濃地域の製品にみられるような利便性や機能性により買い替え需要を喚起できる製品を開発することは難しい状況にある」（山田雄ほか2014・279頁，括弧内引用者追記）。
(10)　「江戸時代の有田では佐賀藩というヘッドクオーター（司令部）が存在し，市場の変化に対応して生産や販売のシステムを変革することによって消費地市場に有用な有田焼商品を供給した。製販分業の形を見せる現在の有田では，業界を統一する理念やヘッドクオーター（司令部）が明確に存在せず，市場の変化に合わせて販売や生産の体制を柔軟に変更できない状況にあると考えられる」（山田雄ほか2016・179頁，括弧内引用者追記。
(11)　「香蘭社と深川製磁は，産地の人材育成と技術や技能の蓄積に貢献し，職人が窯元として独立するのを忌避せず，人材供給としての役割を果たした。‥‥中略‥‥一方，柿右衛門窯と今右衛門窯は，産地の人材供給よりも産地ブランドを支える伝統的技術と技能の継承に努めた」（山田幸2018・88頁）。
(12)　「有田は使い勝手という観点で差別化を図ろうとしているが，実際には技術にくわえて市場を読み取るセンスが必要で，作家にそれができているかとういと，そうでもない」（大木2012・20頁）。

図6-1　佐賀県有田町で作られている「有田焼」(2000年代)

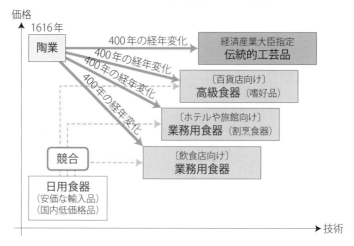

出所：筆者作成。

ら2012年156店まで半減している（大木2017・94頁）[13]。

　上述の地域産品「有田焼」に関する先行研究より，有田町で2000年代に作られていた有田産「有田焼」を図6-1に整理した。

2.2. 2000年代の「有田焼」生産地再生に関する先行研究

　第5章5節でも述べたように，本書では，消費者が該当地域での，①絵付け体験などサービス（無形商品）に価値を感じてお金を使う「コト消費」，②品格・伝統・四季感を商品コンセプトにした有田焼などモノ（有形商品）に価値を感じてお金を使う「モノ消費」，③そのトキ・その場でしか味わえない心トキめくコトやモノに価値を感じてお金を使う「トキ消費」の3つの消費額を増やすことが「地域の稼ぐ力」（地域の移出産業）の再生や育成につながり，「有

---

(13) 有田焼の共販売上高が下がった原因は「旅館やホテルも，部屋食や配膳からバイキング，ビュッフェ形式に移行してきたために，有田の得意とする絵付けのある和食器よりは，白くて丸い洋皿といった需要が高まり，有田の産地を侵食してきた」（大木2017・94頁）からである。

田焼」生産地の再生に帰結すると捉えている。

　モノ消費に関する「有田焼」生産地再生の取り組みには，「究極のラーメン鉢」（2004年生産開始）と「匠の蔵」シリーズ（2005年生産開始）による日用食器市場参入があげられる。「究極のラーメン鉢」は，「家庭でインスタントラーメンをおいしく食べるための器」をコンセプトに，130種類以上のラーメン鉢が製品化された。「究極のラーメン鉢」は，13軒の窯元それぞれが得意とする釉薬や絵付けの技法で製品化された日用食器である。他方，「匠の蔵」シリーズは，産地商社20社と窯元7社が商品開発した焼酎グラス・徳利・盃・ビアグラス・カレー皿・酒グラスなどの日用食器である[14]。商社と窯元や，窯元と窯元の共同製品開発は，これまでの「有田焼」生産地では有り得なかった取り組みである[15]。

　しかしながら，日用食器市場でいくつかのヒット商品が生まれても，「有田焼」生産地が再生するまでには潤っていない。地域産品「有田焼」の苦境は，マーケットインのモノづくりができていないことも要因の一つである（米光2010・206頁）[16]。

　コト消費に関する「有田焼」生産地再生の取り組みには，工場開放（オープン・ファクトリー，しん窯・1967年提供開始），絵付け体験（絵付座・1999年提供開始），ろくろ体験（ろくろ座・2000年提供開始）があげられる。しかし，2000年代の有田町では，生産現場をみせる体制が充分に整っていなかったので（米光2006・67頁），産業観光の機運はまだ熟していなかった。

---

(14)「現在，『匠の蔵』は卸団地（アリタセラ）商社の販売額の1割以上を占める商品になっており，将来的に卸団地商社の核となる商品として期待されている」（米本2010・209頁，括弧内引用者追記）。「匠の蔵」開発経緯については，山本（2017）を参照されたい。

(15)「技術を他に出さない閉鎖的な風土は，今も有田に根付いている。‥‥中略‥‥産地内でのライバル関係が強いことを示すものである」（大木2012・12頁）。

(16)「窯元側においても，販売を産地商社に委ねてきたため，市場動向に自ら把握する力を養ってこなかった。作れば売れる時代には，産地からのプロダクトアウトで間に合っていたが，モノが溢れる今日，マーケットインのモノづくりが必要である」（米光2010・206頁）

トキ消費に関する「有田焼」生産地再生の取り組みには，有田陶器市（有田商工会議所主催，1896年の陶磁器品評会を起源とする）の継続があげられる[17]。しかし，肥前地域外の焼物も売られているので，消費者に有田焼を理解してもらう機会というよりもむしろ誤解を生む機会になっている（米光2006・60頁）。

2.3. 2010年代の「有田焼」生産地再生に関する先行研究

　有田焼は1616年に誕生し，2016年に創業400年を迎えた。有田焼創業400年祭（2016年開催）を節目に，日本磁器誕生・有田焼創業400年事業実行委員会（2012），マインドシェア（2016），有田町まちづくり課（2017）では，コト消費・モノ消費・トキ消費をかけ合わせた産業観光による「有田焼」生産地再生を図っている[18]。それらのなかで，有田町におけるコト消費×モノ消費の1つが「2016/ SHOP CAFE」（2016年提供開始・有田焼小売店兼カフェ店）である[19]。有田町におけるトキ消費の1つが「有田まちなかフェスティバル」（毎年秋季限定開催・2015年提供開始・2017年参加者数34,000人）であった[20]。しかし，「有田まちなかフェスティバル」は，2015年・2016年・2017

---

(17)　有田陶器市については，第5章の注（5）を参照されたい。

(18)　「これまでの有田町は，シニア層を主なターゲットとして位置づけてきた。人々を惹きつけるためには，有田焼とそれ以外の地域資源を活用することによって，これまでのイベント型観光ではなく，年間を通して賑わいのある町にしていく必要がある」（マインドシェア2016・4頁を引用者要約）。

(19)　「2016/（ニーゼロイチロク）」（2016株式会社・代表取締役百田憲由氏）は，ディレクターに柳原照弘氏とショルテン＆バーイングス（Scholten & Baijings，オランダのデザインスタジオ），公募選出の窯元・商社16軒によるブランドである。「2016/ SHOP CAFE」は，地域産品・有田焼「2016/」ブランドの小売店兼，「2016/」ブランドの食器を使ったカフェ店である。

(20)　有田まちづくり公社提供資料によれば，「有田まちなかフェスティバル」（有田町主催・株式会社有田まちづくり公社主管）では，トキ（秋期）限定の有田焼転写体験・ろくろ体験・絵付け体験・工房開放・有田焼トレジャーハンティング・まちあるき体験のコト消費や，トキ（秋の有田陶器まつり）限定で訳あり商品の特売（モノ消費）など，2017年開催では67件が提供されている。なお67件のうち，30件は通年提供のものが含まれていた。

年のわずか3回開催されただけで，2018年以降は，催しそのものが有田町から消えている。

　コト消費×モノ消費をかけ合わせた産業観光やトキ消費の産業観光に対して「あまり観光に注目してばかりいると，いわゆる町全体が『おみやげ屋さん』になってしまう」（畑萬陶苑・畑石2016・84頁）という否定的な地元関係者の意見もある。他方，「有田焼ということだけを考えるのではなくて，有田をどうするかとするとき『観光地』として整備していくことも考えなければいけません」（香蘭社・深川2016・234頁）という産業観光に肯定的な地元関係者の意見もある[21]。「有田焼」生産地では「1616年から続く伝統や文化の伝承が困難になっている」（有田まちづくり公社・高田2021・200-201頁）[22]。産業観光に対して肯否あるものの，地元関係者には「『やがて』有田は，細々と伝統工芸を作るだけの町になってしまい，さらには，『かつて』有田は焼き物を作っていたという過去形のお話になって，町が博物館化してしまう」（しん窯・梶原2016・91頁）という共通の危機意識がある。

3. 学術的問いと検証方法

（1）有田焼の地場産業伝統産業に関する先行研究から，いまも有田焼の生産は減少し続けているのだろうか。

（2）2010年代の「有田焼」生産地再生に関する先行研究から，いま有田町を訪れる観光客にはどのような特性があるのだろうか。

（21）「次世代を担う若い人たちから興味をもたれるようにガラス張りの窯場や細工場があり，それをみながらおしゃれなカフェで有田焼を使って飲んでみたり出来る場所，自ら体験できる場所などを（有田）町内各地に創っていくことも必要でしょう」（香蘭社・深川2016・234頁，括弧内引用者追記）。

（22）「磁器で生きてきた伝統工芸の有田は，グローバル化の大量生産，価格競争に太刀打ちできず，進化と価値観の変化に取り戻され，付加価値を失い，若い人は都会にとられ，技術や文化の伝承が困難になり，400年の伝統は危機に瀕している」（有田まちづくり公社・高田2021・200-201頁）。

（3）2000年代の「有田焼」生産地再生に関する先行研究から，いま有田焼は観光客の消費ニーズと合っているのだろうか。

先行研究を整理した上記の学術的問い（1）（2）（3）について，次の検証を行う。①「有田焼」の生産に関して，既存データから有田焼生産の事業所数・従業者数・製造品出荷額等・付加価値額・1人あたり付加価値額・1人あたり現金給与額・特化係数を検証する。②有田町を来町する観光客の特性に関して，筆者が実施したアンケート調査の結果から，観光客の年齢層・地域性・構成・リピート率を検証する。③観光客の消費ニーズに関して，既存データから観光客数・観光消費額・1人あたり消費額・1人あたり有田焼購入費を検証する。④そのうえで，ふるさと納税額から「地域の稼ぐ力」を考察する。

4. 検証結果（1）
：いまも有田焼の生産は減少し続けているのだろうか

4.1.「有田焼」生産の事業所数・従業者数・製造品出荷額等・付加価値額・1人あたり付加価値額・1人あたり現金給与額

経済産業省（2021a）『2020年工業統計調査（2019年実績）：品目編』によれば，和食器・洋食器・台所調理用品を合わせた2019年和洋食器455億円の出荷額シェアは，図6-2に示されたとおり，岐阜県48%・佐賀県13%・長崎県11%の順で高い。佐賀県と長崎県を合わせた肥前地域の出荷額シェアは24%を占めている。内閣府「地域経済分析システム（RESAS）」から算出した2016年現在の佐賀県内における窯業・土石製品製造業391億円の出荷額シェアは，有田町25%・武雄市15%・伊万里市13%・唐津市6%・嬉野市4%・その他37%である。国内和洋食器産業における有田産「有田焼」の出荷額シェアは3%（13%×25%=3%）ほどであろう[23]。

---

(23)『2020年工業統計調査表（2019年実績）：品目編』（経済産業省2021）では，都道府県の細分類（4桁）を記載している。しかし『2020年工業統計調査表（2019年実績）：市町村編』（経済産業省2021）には，区と市の中分類（2桁）は記載しているが，町と村の中分類（2桁）と細分類（4桁）は記載していない。そこで，「地域経済

図6-2　陶磁器製和洋食器の出荷額シェア（2019年）

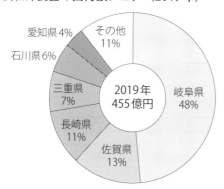

愛知県 4%
その他 11%
石川県 6%
三重県 7%
長崎県 11%
佐賀県 13%
2019年 455億円
岐阜県 48%

（注1）従業員数4人以上の製造事業所。
（注2）陶磁器製の和食器・洋食器・台所調理用品の合計額。
出所：経済産業省（2021b）から筆者作成。

　「有田焼」生産の事業所数は，図6-3左目盛りに示されたとおり，1988年184軒が最も多く，1989年から減少傾向にあり，2019年現在67軒である。2019年現在，「有田焼」生産の事業所数は，最盛期1988年184軒から36％まで減少，最衰期2018年66軒とほぼ同数である。2015年に事業所数が79軒まで増えているのは，2016年に開催された有田焼創業400年祭の影響であろう[24]。

　NTTタウンページ（2019）によれば，2019年8月現在，有田町では，有田焼工房152軒・上絵付け工房13軒・有田焼商社60軒・有田焼小売170軒・石膏製型工房9軒・陶芸材料17軒・紙器工房7軒の有田焼に関連する事業所428軒が操業している。

　NTTタウンページ（2019）と内閣府「地域経済分析システム（RESAS）」

　　分析システム（RESAS）」（内閣府）から収集した2016年データの中分類（2桁）について，各市町村の出荷額シェアを算出した。
（24）佐賀県では，2016年に有田焼創業400年を迎えるにあたり，「有田焼創業400年事業・佐賀県プラン」を策定して，有田焼の新たな発展の第一歩となるよう，2013年度から2016年度まで，海外展開や新たな市場開拓などの施策に取り組んでいた。

図6-3 「有田焼」生産の事業所数（左）と従業者数（右）

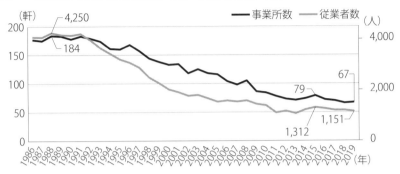

(注) 図中の「有田焼」は，佐賀県有田町の「窯業・土石製品製造業／従業員数4人以上の事業所」である。

出所：内閣府「地域経済分析システム（RESAS）」からデータを収集し筆者作成。

から，有田町では，従業者数4人以上67軒と4人未満85軒を合わせた152軒の有田焼工房が操業していると考えられる。

「有田焼」生産の従業者数は，図6-3右目盛りに示されたとおり，1988年4,250人が最も多く，1989年から減少傾向にあり，2019年現在1,151人である。2019年現在，「有田焼」生産の従業者数は，最盛期1988年4,250人から27％まで減少，最衰期2013年1,075軒の107％まで増加している。有田焼創業400年祭（2016年開催）の影響を受けて，2015年は従業者数が1,312人まで増えていた。

「有田焼」生産の製造品出荷額等は，図6-4に示されたとおり，1991年413億円が最も高く，1992年から減額傾向にあり，2019年現在92億円である。2019年現在，「有田焼」生産の製造品出荷額等は，最盛期1991年413億円から22％まで減額，最衰期2018年91億円とほぼ同額である。有田焼創業400年祭（2016年開催）の影響を受けて，2015年は製造品出荷額等が125億円まで増えている。

「有田焼」生産の付加価値額は，図6-4に示されたとおり，1991年323億円が最も高く，1992年から減額傾向にあり，2019年現在75億円である。2019

図6-4　「有田焼」生産の製造品出荷額等と付加価値額

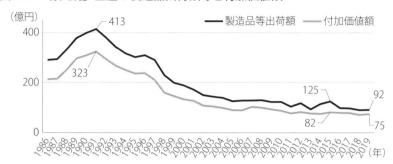

（注）図中の「有田焼」は，佐賀県有田町の「窯業・土石製品製造業/従業員数4人以上の事業所」である。
出所：内閣府「地域経済分析システム（RESAS）」からデータを収集し筆者作成。

　年現在，「有田焼」生産の付加価値額は，最盛期1991年323億円から22％まで減額，最衰期2018年72億円の104％まで増額している。有田焼創業400年祭（2016年開催）の影響を受けて，2015年は付加価値額が82億円まで増えていた。

　「有田焼」生産の1人あたり付加価値額（労働生産性，＝付加価値額/従業者数）は，図6-5示されたとおり，最盛期1997年727万円から2006年まで減額傾向，2007年674万円から2013年まで増額傾向にあった。しかし，2014年に減額に転じたあと，2015年から増額傾向にあり，2019年現在652万円である。2019年現在，「有田焼」生産の1人あたり付加価値額は，最盛期1996年771万円から85％まで減額，最衰期2018年600万円の109％まで増額している。

　「有田焼」生産の1人あたり現金給与額（年収，＝現金給与総額/従業者数）は，図6-5に示されたとおり，1996年325万円が最も高く，1997年から減少傾向にあった[25]。しかし，2011年から微増傾向にあり，2019年現在271万円である。2019年現在，「有田焼」生産の1人あたり現金給与額は，最盛期1996

――――――――――
（25）経済産業省（2021b）によれば，現金給与総額とは，1年間（1～12月）に常用雇用者・有給役員へ支払われた基本給・諸手当・期末賞与等・その他の合計額である。

図6-5 「有田焼」生産の1人あたり付加価値額と1人あたり現金給与額

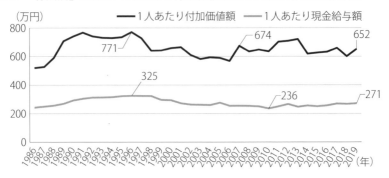

(注) 図中の「有田焼」は，佐賀県有田町の「窯業・土石製品製造業/従業員数4人以上の事業所」である。
出所：内閣府「地域経済分析システム（RESAS）」からデータを収集し筆者作成。

年325万円から83％まで減額，最衰期2010年236万円の115％まで増額している。

4.2.「有田焼」生産の特化係数

内閣府「地域経済分析システム（RESAS）」では，どの産業が効率的に利潤を出しているかなどを特化係数で表している。特化係数は，全国平均値に対する地域特定産業の相対的な集積度，つまり強みを測る指数である。

付加価値額特化係数は，（j地i産業の付加価値額/j地全産業の付加価値額）/（国内i産業の付加価値額/国内全産業の付加価値額）で求められる。付加価値額特化係数が1.0を超えていれば，当該地域産業の付加価値額は，当該産業の全国平均値に比べて特化しているといえる。以下，内閣府「地域経済分析システム（RESAS）」にもとづく。

有田町の付加価値額特化係数は秘匿業種を除いて，①窯業・土石製品製造業39.1，②社会保険・社会福祉・介護事業7.2，③陶磁器・ガラス器小売業3.3，④陶磁器・ガラス器卸売業3.0，⑤廃棄物処理業2.5，⑥金属製品製造業2.3，⑦パルプ・紙・紙加工品製造業1.8の順で高い。本章冒頭で取り上げた有田焼

図6-6　有田町の特化産業（2016年）

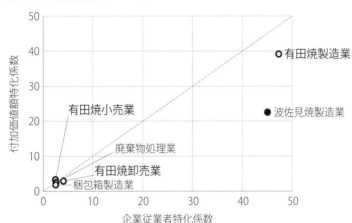

（注）窯業・土石製品製造業を「有田焼製造業」，その他の卸売業（陶磁器・ガラス器卸売業）
　　　を「有田焼卸売業」，パルプ・紙・紙加工品製造業を「梱包箱製造業」，その他の小売
　　　業（陶磁器・ガラス器小売業）を「有田焼小売業」と置き換えている。
出所：内閣府「地域経済分析システム（RESAS）」からデータ収集し筆者作成。

に関連する事業所426軒のなかで，有田焼工房152軒・上絵付け工房13軒・
石膏製型工房9軒が「窯業・土石製品製造業」，有田焼商社60軒・やきもの材
料17軒が「陶磁器・ガラス器卸売業」，有田焼小売167軒が「陶磁器・ガラス
器小売業」，紙器工房8軒が「パルプ・紙・紙加工品製造業」に該当する。な
お「廃棄物処理業」は，有田焼生産工程で出る石膏くずや廃石膏ボードを処理
する事業所である。

　企業従業者特化係数は，（j地i産業の企業従業者数/j地全産業の企業従業者
数）/（国内i産業の企業従業者数/国内全産業の企業従業者数）で求められる。
企業従業者特化係数が1.0を超えていれば，当該地域産業の企業従業者数は，
当該産業の全国平均値に比べて特化しているといえる。以下，内閣府「地域経
済分析システム（RESAS）」にもとづく。有田町の企業従業者特化係数は秘匿
業種を除いて，①窯業・土石製品製造業47.3，②飲料・たばこ・飼料製造業
5.4，③陶磁器・ガラス器卸売業4.0，④廃棄物処理業2.6，⑤パルプ・紙・紙

加工品製造業2.5，⑥陶磁器・ガラス器小売業2.4の順で高い。

　付加価値額特化係数と企業従業者特化係数から，有田焼に関連する「窯業・土石製品製造業」「陶磁器・ガラス器小売業」「陶磁器・ガラス器卸売業」「パルプ・紙・紙加工品製造業」「廃棄物処理業」が，有田町の特化産業であることがわかった。なお有田町で農業は，付加価値額特化係数と企業従業者特化係数のいずれでも上位に入っていなかった。

　上述した有田町の企業従業者特化係数をx軸，有田町の付加価値額特化係数をy軸にとり，第1象限に位置する産業が地域最大の特化産業である。内閣府「地域経済分析システム（RESAS）」（https://resas.go.jp/）では，産業構造マップ>全産業>稼ぐ力分析>市町村単位で表示する>グラフ分析>散布図で分析から，産業の分布を見る/中分類で見る/x軸：特化係数（企業従業者数）/y軸：特化係数（付加価値額）を選べば，図6-6の類似を再現することができる。

　農林漁業・地場産業・観光産業など，地域における特化産業のなかで，地域の「外」の消費者や，地域の「外」を市場としている特化産業が移出産業であり，「地域の稼ぐ力」である。有田町最大の「稼ぐ力」は，図6-6に示されたとおり，「窯業・土石製品製造業（47.3, 39.1）」である。いまなお有田町が「有田焼」生産地であることを強く示している。有田焼製造業は，y=xの線上から下方に位置しているので，企業規模に対する付加価値額はやや低い。しかし有田焼製造業の収益性は，図6-6に示されたとおり，波佐見焼製造業ほど悪くない。

　整理すると，①「有田焼」生産の事業所数は，1989年から減少傾向にあり，2019年現在，最盛期1988年184軒から36％（67軒）まで減少している。②「有田焼」生産の従業者数は，1989年から減少傾向にあり，2019年現在，最盛期1988年4,250人から27％（1,151人）まで減少している。③「有田焼」生産の製造品出荷額等は，1992年から減額傾向にあり，2019現在，最盛期1991年413億円から22％（92億円）まで減額している。④「有田焼」生産の付加価値額は，1992年から減額傾向にあり，2019年現在，最盛期1991年323億円から22％（75億円）まで減額している。⑤「有田焼」生産の1人あたり付加

価値額は，2007年から増額傾向にあり，2019年現在，最盛期1996年771万円の85％（652万円）まで回復している。⑥「有田焼」生産の1人あたり現金給与額は，2011年から微増傾向にあり，2019年現在，最盛期1996年325万円の83％（271万円）まで回復している。

　もし事業所数・従業者数・製造品出荷額等・付加価値額のいずれもが最盛期の1/3を下まわれば，生産地として衰退傾向が著しく消滅の可能性もある[26]。

　有田焼産業は，付加価値額特化係数と企業従業者特化係数の高さから，いまなお有田町の特化産業であり「地域の稼ぐ力」であることがわかった。

5. 検証結果（2）：いま有田町を訪れる観光客にはどのような特性があるのだろうか

5.1. 有田焼観光の特性比較

　有田商工会議所による2007年調査と筆者実施による2021年調査から，観光客の出発地・年齢層・構成・1人あたり有田焼購入費・リピート率を検証する[27]。2007年調査と2021年調査には，調査場所に違いがあるものの，経年変

---

(26) 竹田（2011）では，「生産地の事業所数・従業者数・製造品出荷額等・付加価値額のいずれもが最盛期の1/3を下回る」にくわえて，労働生産性が全国平均値を下回り，かつ「出荷額シェアが20％未満の場合，生産地として衰退している」「出荷額シェアが5％未満の場合，生産地として消滅している」と整理している。

(27) 2007年調査と2021年調査の概要は，以下の通りである。

① 2007年調査の概要
・調査期間：2007年4月29日（日）
・調査場所：第104回有田陶器市休憩所
・調査対象：第104回有田陶器市来場者（10代以上の男女）
・回答者数：919人
・調査方法：自記入式調査法
・調査実施者：大広九州

② 2021年調査の概要
・調査期間：2021年4月29日〜2021年5月5日の有田陶器市期間（第5章調査のうち該当期間だけを抽出）※2021年度は有田陶器市未開催
・調査場所：アリタセラ（佐賀県有田町赤坂丙2351番地1）
・調査対象：アリタセラ来場者
・回答者数：259組671人

化による傾向の差が見られた。2007年調査有田観光の出発地は，福岡県41％，佐賀県13％，長崎県10％，熊本県6％，その他（東京都ほか）30％であった。2021年調査有田観光の出発地は，福岡県26％，佐賀県43％，長崎県13％，熊本県2％，その他（東京都ほか）16％である。2007年調査から2021年調査にかけて，福岡県が15ポイント減少，その他（東京都ほか）が14ポイント減少，替わって佐賀県が30ポイント増えている。

　2007年調査有田観光の年齢層は，図6-7左図に示されたとおり，50代以上が53％を占めていた[28]。2021年調査有田観光の年齢層は，図6-7右図に示されたとおり，50代以上が78％を占めている。2007年調査から2021年調査にかけて，50代以上が25ポイントも増えている。

　観光客のリピート率は，2007年調査80％に対して，2021年調査94％である。10回以上のリピーターは，2007年調査22％に対して，2021年調査35％である。2007年調査から2021年調査にかけて，有田観光の熱狂的なファンが増えている。

　2007年調査と2021年調査の違いは，①新型コロナウイルス感染症拡大の影響を受けて，福岡県とその他（東京ほか）からの遠方観光客が減り，佐賀県からの近辺観光客が増えている。②2007年調査から2021年調査にかけて，50代以上が25ポイントも増えているので，有田観光の年齢層は，高齢化が進んでいる。③新規観光客は，2007年調査20％から2021年調査6％まで，14ポイント減っている。④2021年調査では，夫婦だけ45％・夫婦だけ以外30％・友人13％・ひとり12％・団体旅行0％の順で高く，個人観光がすべてを占めている。⑤2021年調査では，夫婦だけ45％・夫婦だけ以外30％の計「家族だけ」

・調査方法：自記入式調査法
・調査実施者：長崎県立大学地域産業研究室
(28) 有田商工会議所（2007・4頁）によれば，有田町（有田陶器市）を訪れる観光客のなかで50代は，2002年31％・2003年34％・2004年33％・2005年31％・2006年39％・2007年33％を占めていて，いずれの調査年でも最も50代の占有率が高く，有田焼の主たるターゲット層は50代と推察する。

図6-7　有田観光の年齢層（2007年左図・2021年右図）

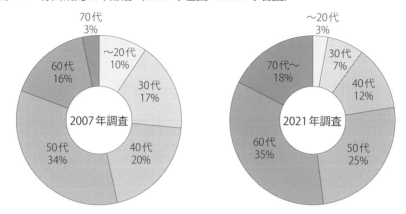

出所：有田商工会議所（2007）と筆者実施のアンケート調査から筆者作成。

は75％を占めていて，2007年調査の「家族だけ」78％とほぼ同じである[29]。他方，「ひとり」は，2007年調査4％から2021年調査12％まで8ポイント増えている。

5.2. 観光客1人あたり有田焼購入費の比較

　観光客の1人あたり有田焼購入費は，図6-8に示されたとおり，2007年調査では，「4,001円〜1万円」41％，「1万1円〜2万円」25％の順で高く，2021年調査では，「4,001円〜1万円」44％，「0円〜2,000円」（「0円」と「1円〜2,000円」の計）32％の順で高かった。2007年調査から2021年調査にかけて，「1万円1円〜2万円」が25％から10％まで15ポイント減り，「0円〜2.000円」（「0円」と「1円〜2,000円」の計）が8％から24％まで16ポイント増えている。

---

[29]　有田商工会議所（2007・7頁）では，調査項目に「夫婦だけ」は無いものの，調査項目に「家族と来た」はある。有田町（有田陶器市）を訪れる観光客のなかで「家族と来た」は，2004年73％・2005年79％・2006年77％・2007年78％を占めていて，有田観光では，2000年代から2021年現在まで家族を中心とした個人観光が多い。他方，「1人で来た」は，2004年3％・2005年2％・2006年5％・2007年4％を占めていたが，2021年は12％まで増えている。

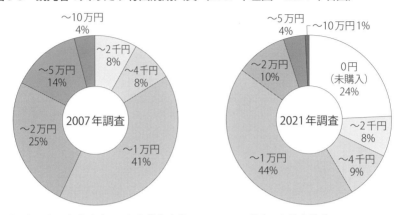

図6-8 観光客1人あたり有田焼購入費（2007年左図・2021年右図）

出所：有田商工会議所（2007）と筆者実施のアンケート調査から筆者作成。

　2007年調査から2021年調査にかけて，観光客の1人あたり有田焼購入費は，大きく減額している。

　2021年調査の有田焼最高額購入者は，有田観光回数5回以上のリピーター（女性1人だけ・60代・佐賀県・レンタカー利用）で，1人あたり消費額が12万円（有田焼購入費10万円・飲食費1万円・有田焼以外の土産購入費5千円・宿泊費5千円）であった。同有田焼最高額購入者の観光目的は，有田焼鑑賞・有田焼購入・有田焼以外の特産品購入・窯元めぐりであり，有田観光の魅力は，豊かな自然・町なみや旧跡・有田焼購入と回答している。同有田焼最高額購入者の有田焼購入理由は，値段の手軽さ・デザインの良さ・品質の良さ，オススメの有田焼窯元は「無し（無回答）」であった。

6. 検証結果（3）：いま有田焼は観光客の 消費ニーズと合っているのだろうか

　有田町では，有田産「有田焼」による「地域の稼ぐ力」落ち込みを補うべく，「クラフト・ツーリズムとグリーン・ツーリズム」（有田町まちづくり課2020・18頁）や，ほぼ同じ意味であるが「食（農畜産物）と器（有田焼）の

産業観光」（有田町まちづくり課2020・104頁）に力を入れている。

　観光客数とは，地元・県内・県外の日帰り客と宿泊延客の合計人数である。有田町の観光客数は，1980年126万人から2019年現在243万人まで増加傾向にある。佐賀県商工労働部観光課（2021）によれば，2019年現在，有田観光客243万人の52％（126万人）は，毎年4月29日から5月5日までに開催している，たった7日間の有田陶器市に有田町へ来ていて，有田陶器市の観光消費額は，2019年推定32.4億円である⁽³⁰⁾。

　観光消費額とは，観光客（地元・県内・県外の日帰り客と宿泊延客）が使った①宿泊費，②交通費，③飲食娯楽費，④土産購入費の合計額である。有田町の観光消費額は，1985年36億円から2019年現在62.5億円まで増額傾向にある（最低額1987年32億円・最高額1996年122億円）。有田観光の1人あたり消費額は，2005年2,494円から2010年3,244円まで増額傾向にあったが，2011年3,005円から2019年現在2,573円まで減額傾向にある（1人あたり最低額2007年2,073円・1人あたり最高額2010年3,244円）。

　1人あたりの消費額は減額傾向にあるものの，観光客数と観光消費額から，現在の有田町は，「観光のまち」ともいえよう。

　2010年と2019年の1人あたり消費額（有田焼購入費ほか・飲食娯楽費・交通費・宿泊費）を比較する。2010年1人あたり消費額は，図6-9に示されたとおり，有田焼購入費ほか2,746円・飲食娯楽費429円・交通費85円・宿泊費1円の合計3,244円である。他方，2019年現在1人あたり消費額は，有田焼購入費ほか2,020円・飲食娯楽費469円・交通費50円・宿泊34円の合計2,573円である。2010年から2019年にかけて，有田町では，観光客1人あたりの有田焼購入費が2,746円から2,020円まで，726円も減額している。

　他方，日本遺産「日本磁器のふるさと肥前」の1つである長崎県波佐見町の観光客1人あたり波佐見焼購入費は，2010年から2019年にかけて，822円か

（30）2019年有田陶器市来場者数/2019年有田町観光客数×2019年有田町観光消費額＝126.0万人/242.8万人×62.5億円＝32.4億円。

131

図6-9　有田観光の1人あたり消費額

（注）図中の飲食娯楽費は「飲食費と入場料等」，図中の土産購入費他は「土産購入費とその他」の合計である。
出所：佐賀県商工労働部観光課（1981；2022）『佐賀県観光客動態調査』各年から筆者作成。

ら2,978円まで，2,157円も増額している。2019年現在，観光客の1人あたり土産購入費ほかは，波佐見焼2,978円に対して有田焼2,020円であり，有田焼購入単価が下がっていることから，いま有田焼は観光客の消費ニーズと合っていないと推察する。しかし，ふるさと納税額は増えているので，全国的な有田焼の消費ニーズはつかんでいると推測する（7.考察参照）。

7. 考察：ふるさと納税額と「地域の稼ぐ力」（地域の移出産業）

　本書で取り上げるやきもの生産地「有田町」「波佐見町」「多治見市」のふるさと納税額を比較する。

　2021年度のふるさと納税額は，波佐見町20.4億円（82,870件），有田町14.1億円（38,563件），多治見市0.9億円（3,081件）の順で高かった。2021年度住民1人あたり（2021年10月1日人口より算出）のふるさと納税分配額は，波佐見町住民1人あたり14万3,275円，有田町住民1人あたり7万5,205円，多治見市住民1人あたり895円であり，住民1人あたりのふるさと納税分配額は，有田町が波佐見町に次いで高かった。ふるさと納税総合サイト「ふる

図6-10　やきもの生産地のふるさと納税額

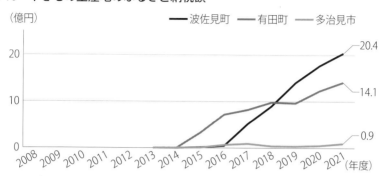

出所：総務省（2022）「ふるさと納税に関する現況調査結果」から筆者作成。

さとチョイス」（https://www.furusato-tax.jp/）によれば，有田町のふるさと納税返礼品1,335品のうち，有田焼が80％（1,073品）を占めている。

　有田町のふるさと納税額は，図6-10に示されたとおり，2014年0.04億円（53件）から2021年14.1億円（38,563件）にかけて急激に増えている。ふるさと納税額の伸びは，観光客1人あたり有田焼購入費の減額に反した，モノ（有田焼）消費の伸びである。観光客の1人あたり消費額は下がっているものの，観光消費額62.5億円（2019年）とふるさと納税額14.1億円（2021年度）から，有田町の産業観光やふるさと納税返礼品産業は，「地域の稼ぐ力」（地域の移出産業）に成長している。ふるさと納税額の増額は，関係人口増加の表れでもあり，地域ブランド「有田焼」が構築されていることの表れでもある[31]。関係人口とは，移住した定住人口でもなく，観光に来た交流人口でもない，地域や地域の人々と多様にかかわる人々のことをいう（総務省地域力創造グループ2018・1頁）。

---

(31)　地域ブランドとは，「その地域が独自にもつ歴史や文化，自然，産業，生活，人のコミュニティといった地域資産を体験の場を通じて，精神的な価値へと結びつけることで，『買いたい』『訪れたい』『交流したい』『住みたい』を誘発する」ことである（和田2009ほか・4頁）。地域ブランドの構築とは，「地域の有形無形の資産を人々の精神的な価値へと結びつけることである」（和田2009ほか・4頁）。

地方創生とは,「地方の平均所得を上げること」である。地方の平均所得を上げるためには,「地域の稼ぐ力」である地域の移出産業の育成や再生が不可欠である。生産額が減額している有田焼の「地域の稼ぐ力」（地域の移出産業）を再生させるためには,モノ消費振興だけではなく,多様なコト消費・モノ消費・トキ消費をかけ合わせた生産地の産業観光化が必要である。産業観光は,「みる・学ぶ・体験する」をかけ合わせた個人観光である。個人観光を「地域の稼ぐ力」（地域の移出産業）育成に結びつけるには,有田焼工房のショップ化（製造小売化）や工房の開放化（オープン・ファクトリー化）によって,経験（みる・学ぶ・体験する）から消費者の購買意欲を刺激し,生産地でのコト消費・モノ消費・トキ消費を促す必要がある[32]。「有田焼」生産地の事例から,①生産地での観光消費額と,②生産地へのふるさと納税額を増やすことが,「地域の稼ぐ力」（地域の移出産業）の育成である。

8. 結論

2019年現在,有田焼産業の事業所数は最盛期1988年184軒から36%（67軒）まで減少,従業者数は最盛期1988年4,250人から27%（1,151人）まで減少,製造品出荷額等は最盛期1991年413億円から22%（92億円）まで減額,付加価値額は最盛期1991年323億円から22%（75億円）まで減額している。事業所数・従業者数・製造品出荷額等・付加価値額のいずれもが最盛期の1/3を下回る場合,生産地として衰退傾向が著しく消滅の可能性もある。しかし,有田町では,いまなお有田焼産業が地域の特化産業であり,「地域の稼ぐ力」（地域の移出産業）であることがわかった。

有田町では,有田焼の生産減額による「地域の稼ぐ力」（地域の移出産業）

---

(32) 地場産業や産業集積が生産者にとって「みる」「学ぶ」「体験する」学習の場であることは,Florida, R.（1995）や Keeble, D. and Wilkinson, F.（1999）が既に指摘している。地場産業や産業集積が消費者にとっても「みる」「学ぶ」「体験する」学習の場となるであろう。

の落ち込みを，観光消費額とふるさと納税額で補い始めている。「有田焼」生産地の事例研究から，産業観光やふるさと納税返礼品を通じて，地域のモノやコトの良さを伝えることができれば，人口5万人未満の地方町村でも「地域の稼ぐ力」（地域の移出産業）を再生や育成できると結論づける。

❓ 考えてみよう

(1) 任意の地域ついて，図6-10を参考に，ふるさと納税額の推移を調べ，ふるさと納税額増減の要因を考えてみよう。

(2) 任意の地域のふるさと納税返礼品について，どのような返礼品が上位に入っているか，消費者の嗜好を考えてみよう。

【参考文献】

有田商工会議所（2007）「第104回有田陶器市来場者調査結果報告書」。

NTTタウンページ（2019）『2019佐賀県北部版』。

大木裕子（2012）「有田の陶磁器産業クラスター：伝統技術の継承と革新の視点から」京都産業大学『京都マネジメント・レビュー』，京都産業大学マネジメント研究会，21，1-22頁。

大木裕子（2017）『産業クラスターのダイナミズム』文眞堂。

梶原茂弘（2016）「窯元の夢と希望」，有田焼継承プロジェクト編『有田焼百景：有田焼創業400年保存版：談話「永遠のいま」と生きる有田』ラピュータ，88-95頁。

経済産業省（2021a）『2020年工業統計調査表（2019年実績）：市町村編』経済産業調査会。

経済産業省（2021b）『2020年工業統計調査表（2019年実績）：品目編』経済産業調査会。

佐賀県有田町まちづくり課（2017）『第2次有田町総合計画』。

佐賀県有田町まちづくり課（2020）『第2期有田町まち・ひと・しごと創生総合戦略』。

佐賀県商工労働部観光課（1981；2022）『佐賀県観光客動態調査』。

佐賀県政策部統計分析課（2018）『2018年度佐賀県の人口：佐賀県人口移動調査報告書』。

産業観光推進会議（2014年）『産業観光の手法：企業と地域をどう活性化するか』学芸出版社。

須田寛（2005）『産業観光読本』交通新聞社。

総務省自治税務局（2022）「ふるさと納税に関する現況調査結果」。

総務省地域力創造グループ（2018）「『関係人口』創出事業参考資料」。

高田享二（2021）「田舎は，伝統工芸の町は，どう生きるのか」，児玉盛介ほか『笑うツーリズム：HASAMI CRAFT TOURISM』石風社，195-221頁。

竹田英司（2011）「産地型集積地の存続と衰退・消滅の要因とコーディネート機能の相違に関する実証研究：和履き産業を事例として」，大阪市立大学『創造都市研究』7（2），123-138頁。

内閣府まち・ひと・しごと創生本部「地域経済分析システム（RESAS）」（https://re-sas.go.jp/）。2022年1月18日アクセス。

日本遺産公式webページ（https://japan-heritage.bunka.go.jp/）。2022年7月12日アクセス。

日本磁器誕生・有田焼創業400年事業実行委員会（2012）「日本磁器誕生 有田焼創業本磁器誕生・有田焼創業400年事業基本構想」。

畑石真嗣（2016）「窯元の夢と葛藤」，有田焼継承プロジェクト編『有田焼百景：有田焼創業400年保存版：談話「永遠のいま」と生きる有田』ラピュータ，78-87頁。

肥前窯業圏公式webページ（https://hizen400.jp/），2020年9月22日アクセス。

深川紀幸（2016）「伝統メーカーの命題」，有田焼継承プロジェクト編『有田焼百景：有田焼創業400年保存版：談話「永遠のいま」と生きる有田』ラピュータ，226-235頁。

ふるさとチョイス公式webページ（https://www.furusato-tax.jp/）。2020年10月23日アクセス。

マインドシェア（2014）「2015年度有田観光まちづくりに向けての戦略策定調査事業報告書：地域資源を活用した観光地域魅力創造事業」。

増田寛也（2014年）「『地域消滅時代』を見据えた今後の国土交通戦略のあり方について」，国土交通政策研究所「政策課題勉強会」。

山田幸三（2018）「産地の自己革新と企業家活動：有田焼陶磁器産地の事例を中心として」，企業家研究フォーラム『企業家研究』15，81-107頁。

山田雄久・筒井孝司・吉田忠彦・東郷寛（2013）「〈資料〉1990年代の有田焼産地における高度化事業：大有田焼振興協同組合の産地ブランド戦略」，近畿大学商経学会『商経学叢』60（1），183-206頁。

山田雄久・筒井孝司・吉田忠彦・東郷寛（2014）「〈資料〉成熟化時代における有田焼産地の商品開発：21世紀型システムの構築と大有田焼振興協同組合」，近畿大学商経学会『商経学叢』61（1），247-294頁。

山田雄久・筒井孝司・吉田忠彦・東郷寛（2016）「21世紀初頭における伝統産業地域の統合プロセス：佐賀県『大有田焼振興協同組合』解散をめぐって」，近畿大学商経学会『商経学叢』63（1），167-192頁。

山田雄久・吉田忠彦・東郷寛（2019）『戦後日本伝統産業地域の組織変革：有田焼産地における企業者活動の歴史分析』（近畿大学経営学部研究叢書第1集），近畿大学。

山本健兒（2017）「有田焼産地におけるイノベーションと域内小産地の復活」，伊藤維年編著『グローカル時代の地域研究』日本経済評論社，64-83頁。

和田充夫・菅野佐織・徳山美津江ほか（2009）「地域ブランド・マネジメントの視点」，電通abic project編『地域ブランド・マネジメント』有斐閣，1-26頁。

米光靖（2006）「伝統的工芸品産業の振興についての考察：有田焼，博多織，京都の伝統的工芸産業全般を事例として」，九州大学経済学会『経済学研究』73（1），51-73頁。

米光靖（2010）「伝統型地域産業の革新と新たな展開：陶磁器産業」，九州経済調査協会編『地域産業の新たな展開：九州・山口からの挑戦』西日本新聞社，201-213頁。

Florida, R. "Toward the Learning Region", 1995, *Futures*, 27(5), pp.527-536.

Keeble, D. and Wilkinson, F., 1995, "Collective learning and knowledge development in the evolution of regional clusters of high technology SMEs in Europe", *Regional Studies*, 33(4), pp.295-303.

第7章
岐阜県多治見市の観光経済と美濃焼産業[(1)]

1. 岐阜県多治見市の状況

1.1. 多治見市の人口と高齢化率

　5年に1度の国勢調査によれば，多治見市の人口は，図7-1左目盛りに示されたとおり，1980年87,812人から2000年115,740人まで増加傾向にあったが，2005年114,876人から2020年現在106,732人まで微減傾向にある。多治見市の人口は，2020年以降も減り続けて，2045年には82,884人になると予測されている。

　65歳以上が人口に占める高齢化率は，図7-1右目盛りに示されたとおり，1980年8％から上昇し続け，2000年には15％に達しているので，多治見市は2000年から高齢化率14％以上の高齢社会にあった。2000年以降も多治見市の高齢化率は上昇し続けていて，2010年には22％まで達しているので，多治見市は2010年から高齢化率21％以上の超高齢社会に変わっている。2020年現在，多治見市の高齢化率は31％であり，2045年には42％まで達すると予測されている。他方，15歳未満が人口に占める比率は，図7-1右目盛りに示されたとおり，1980年26％から下降し続け，2020年現在，多治見市の15歳未満が人口に占める比率は11％であり，2045年には10％まで落ち込むと予想されている。

　多治見市の場合，2005年には，65歳以上の比率が15歳未満の比率を上まわっているので，多治見市は2005年から少子高齢化社会である。

（1）本章は，新型コロナウイルス感染症（COVID-19）拡大後の2021年調査結果である。

図7-1　多治見市の人口（左）と高齢化率（右）（2020年現在）

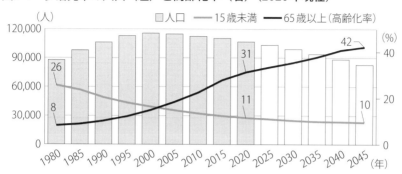

1.2. 多治見市の産業構造

　多治見市全産業のなかで，2016年現在，付加価値額が高い業種は，図7-2に示されたとおり，「タイルと美濃焼」小売業271億円，「タイルと美濃焼」製造業266億円，医療業153億円，娯楽業134億円，飲料品小売業94億円，「タイルと美濃焼」卸売業81億円の順であった。製造業・卸売業・小売業からなる「タイルと美濃焼」産業は，多治見市にとって，地域の大きな特化産業であり，地域の大きな移出産業でもある。地方では，農林漁業・地場産業・観光産業などが，地域の特化産業であり，地域の移出産業である。

1.3. 多治見観光の観光客数・1人あたり消費額・経路探索回数

　『岐阜県観光入込客統計調査』（岐阜県観光企画課）における観光客とは，地元・県内・県外の日帰り客と宿泊延客の合計である。多治見市の観光客数は，図7-3左目盛りに示されたとおり，2000年91万人から2008年185万人まで増加傾向，2009年から2020年現在52万人まで減少傾向にある。2011年・2014年・2017年の3年周期で観光客が増加してるのは，2011年・2014年・2017年が国際陶磁器フェスティバル美濃の開催年であることに起因する。2020年は，COVID-19（新型コロナウイルス感染症・2019年12月中国武漢市発症）

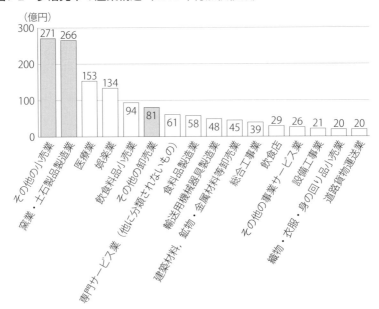

図7-2 多治見市の産業構造（2016年付加価値額）

(億円)

- その他の小売業 271
- 窯業・土石製品製造業 266
- 医療業 153
- 娯楽業 134
- 飲食料品小売業 94
- 専門サービス業（他に分類されないもの）その他の卸売業 81
- 食料品製造業 61
- 輸送用機械器具製造業 58
- 建築材料，鉱物・金属材料等卸売業 48
- その他の事業サービス業 総合工事業 45
- 飲食店 39
- 織物・衣服・身の回り品小売業 29
- 設備工事業 26
- 道路貨物運送業 21
- 20
- 20

(注) 多治見市の場合，図中の，その他の小売業は「タイルと美濃焼」小売業，窯業・土石製品製造業は「タイルと美濃焼」製造業，その他の卸売業は「タイルと美濃焼」卸売業に該当する。

出所：内閣府「地域経済分析システム（RESAS）」からデータを収集し筆者作成。

拡大のため，国際陶磁器フェスティバル美濃が未開催であった。

　多治見観光の観光消費額と1人あたり消費額は，非公表のため，東濃圏（多治見市・瑞浪市・土岐市・中津川市・恵那市）の1人あたり消費額を，多治見観光の1人あたり消費額と読み替える[2]。多治見観光の1人あたり消費額は，

---

(2) 岐阜県観光企画課（2001；2021）『岐阜県観光入込客統計調査』各年では，市町村単位の消費額および1人あたり消費額が公表されていない。東濃圏（多治見市・瑞浪市・土岐市・中津川市・恵那市）の1人あたり消費額が公表されている。しかしながら，公表数値は，①馬籠宿（岐阜県中津川市馬籠），②道の駅おばあちゃん市・山岡（岐阜県恵那市岡町田代），③恵那峡（岐阜県恵那市大井町），④道の駅志野・織部（岐阜県土岐市泉北山町）における定点観測の推計である（2021年8月24日筆者調べ）。

図7-3　多治見観光の観光客数（左）と1人あたり消費額（右）

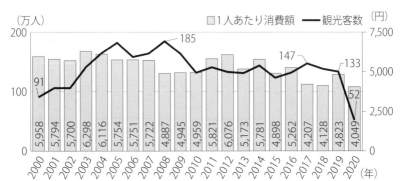

（注1）図中の観光客は，地元・県内・県外の日帰り客と宿泊延客の合計である。
（注2）図中の1人あたり消費額は，①自然，②歴史・文化，③温泉・健康，④スポーツ・レクリエーション，⑤都市観光（買物・食等），⑥道の駅等，⑦行祭事・イベントにおける消費合計額の1人単価である。
出所：岐阜県観光企画課（2001：2021）『岐阜県観光入込客統計調査』各年から筆者作成。

図7-3右目盛りに示されたとおり，2013年から減額傾向にあり，2020年現在4,049円まで減額している。

　自動車利用による多治見観光の経路探索回数は，図7-4に示されたとおり，2020年現在，多治見北ゴルフ倶楽部869回（図7-4未掲載），多治見市モザイクタイルミュージアム805回，セラミックパークMINO459回，虎渓山永保寺422回，の順で多い[3][4]。しかし，COVID-19（新型コロナウイルス感染症・2019年12月中国武漢市発症）拡大前の2019年から経路探索回数は減っている。2020年現在，自動車利用による多治見観光の経路探索回数は，以下，ス

（3）多治見市モザイクタイルミュージアム（多治見市笠原町2082-5）は，2016年から一般財団法人たじみ・笠原タイル館が運営している。多治見市モザイクタイルミュージアムでは，昭和初期から多治見市笠原町で生産しているモザイクタイルの展示，オリジナルなタイル商品のモノ消費，タイル貼り体験のコト消費を提供している。
（4）陶都創造館（多治見市本町5-9-1）は，2000年から中小企業基盤整備機構が運営していたが，2017年から多治見陶磁器卸商業協同組合が運営している。陶都創造館は，本町オリベストリートの中心に位置する複合商業施設である。陶都創造館では，美濃焼や和菓子などのモノ消費をはじめ，ギャラリーや上絵付けの体験工房など多彩なコト消費を提供している。

図7-4　自動車利用による多治見観光の経路探索回数

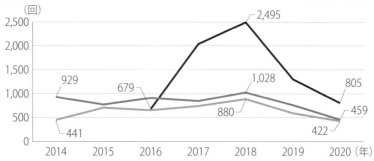

(注1) 図中の経路探索回数は，株式会社ナビタイムジャパン「経路探索条件データ」にもとづく。

(注2) 多治見観光の交通手段は「自動車」が多いので，図中の経路探索回数は「自動車×休日」「自動車×平日」で抽出した合計回数である。

出所：内閣府「地域経済分析システム（RESAS）」からデータを収集し筆者作成。

プリングフィールドゴルフクラブ354回，ホテルルートイン多治見インター306回と続く。自動車利用の経路探索回数から，消費者は，①ゴルフ遊技目的で多治見北ゴルフ倶楽部やスプリングフィールドゴルフクラブ，②モザイクタイル鑑賞目的で多治見市モザイクタイルミュージアム，③美濃焼鑑賞目的でセラミックパークMINO，④景観鑑賞目的で虎渓山永保寺，⑤宿泊目的でホテルルートイン多治見インターと，目的別に多治見観光へ来ていると推測する。

2. 調査の概要

2.1. 調査の背景

　多治見市も含めて岐阜県東濃地方は，美濃焼の生産地である。近年の多治見市は，トヨタ自動車株式会社（2011年協定締結），トヨタ紡織株式会社（2011年協定締結），日本ガイシ株式会社（2018年協定締結）などの誘致に成功していて，産業都市の色合いを強めている。

　他方，「タイルと美濃焼」だけではなく，農産品・地酒・うなぎ・五目飯・うどんなども，岐阜県東濃地方の地域産品である。いま多治見市では，「美濃焼」と「食」の魅力を観光推進起爆剤にした産業観光や農業観光（グリーン・ツーリズム）に力を入れている。多治見市を舞台にしたフリーコミック「やくならマグカップも」が2021年春期と2021年秋季にアニメ化され，多治見観光に対する産業観光や聖地巡礼の機運は高まっている。

　新型コロナウイルス感染症収束後は，ますます高まっていく個人観光×体験型観光に各事業者が対応する必要がある。新型コロナウイルス感染症収束後に向けて，消費者の拡大と個人観光客の受入体制強化を図り，産業観光や農業観光を各事業所で進めていかねばならない。そのうえで，観光客数ではなく，多治見観光の1人あたり消費額（客単価）増額に取り組むべきである。

2.2. 調査の目的と意義

　多治見市では，美濃焼とモザイクタイルを合わせたやきもの産業の産業観光を推進し，消費者の拡大と地域経済活性化に取り組んでいる。なぜやきもの産業や農業などを産業観光化すべきなのか。本調査の目的は，多治見市の特性や地域資源を活用した，収益性ある産業観光を図るためのデータ収集である。

　多治見観光の1人あたり消費額に関するビッグデータは，存在しない。いま公表されている東濃観光の1人あたり消費額は，①馬籠宿（岐阜県中津川市馬籠），②道の駅おばあちゃん市・山岡（岐阜県恵那市山岡町田代），③恵那峡（岐阜県恵那市大井町），④道の駅志野・織部（岐阜県土岐市泉北山町）におけ

る定点観測の推計でしかない。

　多治見観光における「美濃焼」市場を把握するという点で，この調査結果は，多治見観光だけにとどまらず，国内の「美濃焼」市場を推測する有益な情報となろう。調査の概要は，以下のとおりである。

- 調査対象（母集団）‥‥国際陶磁器フェスティバル美濃2021「第12回国際陶磁器展美濃」（2021年10月14日〜2021年10月17日開催）の入場者3,371人
- 調査数（回答率）‥‥508組1,013人（30％）
- 調査方法‥‥アンケートによる標本調査
- 調査期間‥‥2021年10月14日〜2021年10月17日
- 調査場所‥‥国際陶磁器フェスティバル美濃2021セラミックパークMINO会場（多治見市東町4-2-5）
- 調査項目‥‥図7-5参照

図7-5　アンケート票と調査項目

美濃焼　市場調査　〈長崎県立大学地域産業研究室〉

Q1　あなた自身についてお聞きします。

性別	男性・女性	年齢	（10代未満）①～10代　②20代　③30代　④40代　⑤50代　⑥60代　⑦70代　⑧80代以上
居住地域	①岐阜県　②愛知県　③三重県　④京都府　⑤その他（　　）		
同行人数	本人含む　　人		

Q2　今日は、どなたとお見えになりましたか。
1.ひとり　2.夫婦だけ　3.家族（未就学児以上）　4.友人
5.仕事仲間・同僚　6.地域の団体　7.旅行客同士　8.その他（　　）

Q3　今回、多治見市で１人あたりいくら使いましたか・いくら使う予定ですか。

美濃焼購入分	その他のお土産代	交通費	宿泊費
（1人あたり）　　　円	（1人あたり）　　　円	（1人あたり）　　　円	（1人あたり）　　　円

Q4　今日あなたが美濃焼を買った理由について、あてはまるものを全て○で囲んでください。
1.買っていない　2.価格の手頃さ　3.デザインの良さ　4.品質の良さ　5.長崎の良さ
6.実用性　7.その他（　　）

Q5　今日あなたが美濃焼を買わなかった理由について、あてはまるものを全て○で囲んでください。
1.買った　2.手頃な価格がなかった　3.デザインが気に入らなかった　4.品質が悪かった
5.ほしいブランドがなかった　6.その他（　　）

Q6　今日あなたが見た・来たきっかけについて、あてはまるものを全て○で囲んでください。
1.以前に来たことがある・以前から知っていた　2.Facebook　3.インスタグラム
4.ツイッター　5.Youtube　6.web サイト　7.テレビ　8.雑誌　9.新聞
10.ラジオ　11.クチコミ　12.その他（　　）

Q7　今日を入れて何回多治見市に来たことがありますか。
1.はじめて　2.2回　3.3～4回　4.5回以上　5.10回以上　6.近隣住民のため多数

Q8　今回あなたが多治見市内で、行かれたところ・行く予定のところ、全てを○で囲んでください。
1.市に無い　2.本町オリベストリート　3.セラミックパーク MINO　4.美濃焼団地卸市場
5.多治見　6.市之倉　7.虎渓山永保寺　8.多治見市モザイクタイルミュージアム　9.その他（　　）

Q9　多治見市を知らない私たち学生に、オススメの美濃焼・美濃焼ブランドを教えてください。
オススメの美濃焼・美濃焼ブランドはございますか。

Q10　多治見市を知らない私たち学生に、オススメの周辺観光地を教えてください。
多治見市でオススメな観光地や周辺施設はございますか。

Q11　今回あなたが多治見市まで来られた主な交通機関について、1つだけ○で囲んでください。
1.自家用車　2.レンタカー　3.タクシー　4.貸切バス　5.路線バス
6.高速バス　7.バイク　8.徒歩・自転車　9.JR　10.その他（　　）

Q12　今回あなたが多治見市内で、行かれたところ・行く予定なところ、全てを○で囲んでください。
1.特に無い　2.お店巡り　3.土岐市・土岐プレミアムアウトレットモール
4.多治見市　5.可児市　6.瑞浪市　7.土岐市村　8.その他（　　）

Q13　あなたにとって、多治見市に足りないものを全て○で囲んでください。
1.特になし　2.飲食店　3.地域イベント・ツアー　4.宿泊施設　5.観光施設
6.市街地交通　7.その他（　　）

Q14　今回の多治見観光について、あてはまるもの1つを○で囲んでください。
1.満足している　2.あまり満足しなかった　3.やや満足した　4.満足しなかった

Q15　今回の多治見市へ来られた目的について、あてはまるものを全て○で囲んでください。
1.美濃焼（美濃焼地域の）観光人　2.温泉　3.接客・美術・伝統のくくり　4.自然観光
5.食・グルメ　6.家族のくくり　7.人との交流　8.団体入込　9.ビジネス
10.イベント　11.思い出づくり　12.その他（　　）

Q16　多治見市に滞在した時間・滞在すする予定時間を教えてください。（2時間→120分）
およそ（　　）分くらい

Q17　今回、多治見市へは日帰りですか。それとも宿泊ですか。
1.日帰り　2.宿泊（宿泊先：　　　　　　　）　（市町村・ホテル名）

Q18　焼き物以外の多治見市の魅力について、あてはまるものを全て○で囲んでください。
1.豊かな自然　2.町並みの情緒　3.イベント　4.食・グルメ　5.ショッピング
6.体験プラン　7.生活スタイル　8.人　9.歴史やマチ　10.その他（　　）

Q19　今回多治見市にまた来られたいと思いますか。
1.リピートしたい　2.リピートしないしたくはない
リピートしたい　2.リピートしたくない理由（　　）
リピートしない・リピートしたくないのは（　　）などと

出所：筆者作成。

145

3. 調査結果抜粋[5]

●調査結果Q1（回答代表者の性別・年齢層・住所・観光人数）

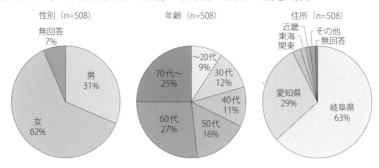

性別 (n=508)

無回答 7%
男 31%
女 62%

年齢 (n=508)

〜20代 9%
30代 12%
40代 11%
50代 16%
60代 27%
70代〜 25%

住所 (n=508)

近畿
東海
関東
その他
無回答
愛知県 29%
岐阜県 63%

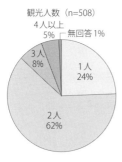

観光人数 (n=508)

4人以上 5%
無回答 1%
3人 8%
1人 24%
2人 62%

●調査結果Q2（観光形態）

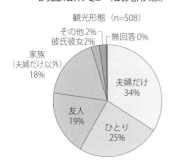

観光形態 (n=508)

その他 2%
彼氏彼女 2%
無回答 0%
家族（夫婦だけ以外）18%
友人 19%
夫婦だけ 34%
ひとり 25%

●調査結果Q7（多治見観光の回数）

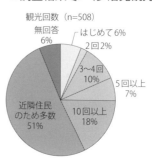

観光回数 (n=508)

無回答 6%
はじめて 6%
2回 2%
3〜4回 10%
5回以上 7%
近隣住民のため多数 51%
10回以上 18%

（5）すべての調査結果は，竹田（2022）「多治見観光と美濃焼の市場調査：2021年度
長崎県立大学受託研究成果報告書」を参照されたい。

146

●調査結果Q3（1人あたりの美濃焼購入費・1人あたりの飲食費）

美濃焼購入費（n=508・avg.1,577円）

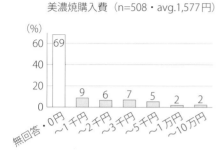

飲食費（n=508・avg.1,101円）

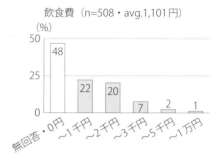

●調査結果Q9（オススメの美濃焼窯元/オススメの美濃焼ブランド・複数回答・
n=131）

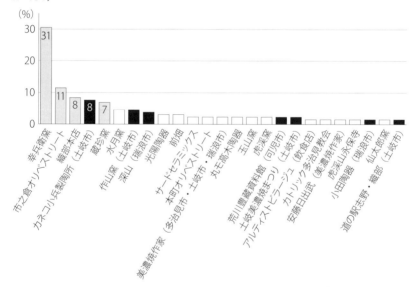

（注1）図中の「オススメの美濃焼窯元/美濃焼ブランド」は，無回答377組を除外している。

（注2）図中の「カネコ小兵製陶所」「作山窯」は土岐市，「深山」は瑞浪市，「小田陶器」は
　　　瑞浪市に，それぞれ所在がある窯元，「荒川豊藏資料館」は可児市の資料館，「土岐美
　　　濃焼まつり」は土岐市のイベント，「道の駅志野・織部」は土岐市の施設である。

（注3）図中の「アルティストビラージュ」「カトリック多治見教会」「虎渓山永保寺」は，美
　　　濃焼窯元や美濃焼ブランドではないと推察するが，消費者の認識している「オススメ
　　　の美濃焼窯元/美濃焼ブランド」として，回答のまま記載している。

●調査結果Q10（オススメの多治見観光スポット・複数回答・n=218）

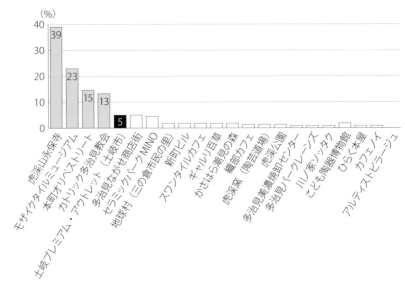

(注1) 図中の「オススメの多治見観光スポット」は，無回答290組を除外している。
(注2) 図中の「土岐プレミアム・アウトレット」は土岐市にあるが，消費者の認識している
　　　「オススメの多治見観光スポット」として，回答のまま記載している。

●調査結果Q15（多治見観光の目的・複数回答・n=470）

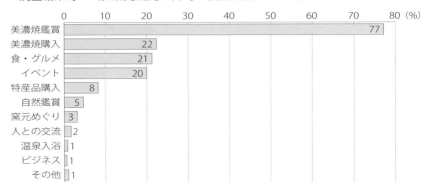

(注1) 図中の「多治見観光の目的」は，無回答38組を除外している。
(注2) 図中の「イベント」は，アンケート配布回答の場所と時期から，「国際陶磁器フェス
　　　ティバル美濃」が該当し，「美濃焼鑑賞」77％を超えると予想していたが，実際は
　　　20％であった。修正せず，回答のまま記載している。

148

●調査結果Q16（多治見滞在時間・n=508）

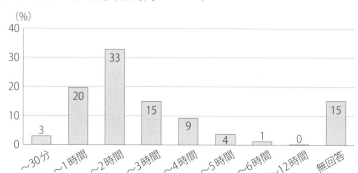

4. 美濃焼のSTP分析

4.1. どのような客層に美濃焼を売っていくか①：市場細分化分析

　美濃焼の購入理由は，調査結果Q4より（本書未掲載），「デザインの良さ」13%（複数回答），「値段の手軽さ」11%（複数回答），「品質の良さ」10%（複数回答），「買い替え」2%（複数回答），「贈答用」1%（複数回答）の順で多かった。

　観光客の美濃焼購入率は，調査結果Q3の一部（1人あたりの美濃焼購入費）より，31%（購入160組・未購入348組）であった。アンケート調査の期間と場所から，国際陶磁器フェスティバル美濃2021セラミックパークMINO会場の来場者は，美濃焼購入よりも美濃焼鑑賞に来ていたので，美濃焼購入率が低かったという結果である。

　美濃焼購入率31%の内訳は，「60代」9%，「40代〜50代」8%，「10代〜30代」7%，「70代〜80代」7%の合計である。調査結果のQ1・Q2と調査結果Q3の一部（1人あたりの美濃焼購入費）から，「40代」「50代」「60代」の「夫婦だけ」「友人」など2人組に美濃焼購入者が多い。

　年齢別の1人あたり美濃焼購入費は，図7-6に示されたとおり，「60代×2,501円〜20,000円」5.4%（27組/503組），「70代〜80代×〜2,500円」5.2%（26

図7-6　年齢別の1人あたり美濃焼購入費（2021年・n=503）

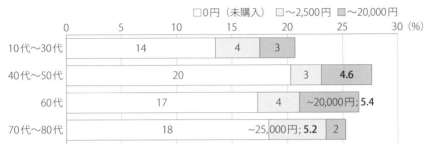

（注）1人あたり美濃焼購入費20,001円から100,000円までの購入者5組は，1人あたり美濃焼購入費20,000円以下と金額的に大きな開きがあるので異常値とみなし，集計結果から除いている。
出所：筆者実施によるアンケート調査の結果から筆者作成。

組/503組），「40代〜50代×2,501円〜20,000円」4.6％（23組/503組）の順で多い。国際陶磁器フェスティバル美濃2021セラミックパークMINO会場入場者のなかで，美濃焼を購入した消費者には，①60代×高額商品（2,501円〜20,000円），②70代〜80代×低額額商品（〜2,500円），③40代〜50代×高額商品（2,501円〜20,000円），という3つの大きな市場があるとわかった。これら3つの市場に対して，3C分析とSTP分析を行い，どのように差別化していくのか[6]。各社のマーケティグ戦略に期待したい。なお，図7-6データをカイ2乗検定した結果，上述のとおり，年齢層別の1人あたり美濃焼購入費には偏りがあった（$\chi 2(6)=14.744$, $p<0.03$）。

4.2. どのような客層に美濃焼を売っていくか②：ターゲット分析

　図7-7に示されたとおり，多治見観光の1人あたり消費額は4,044円，多治見観光の1人あたり美濃焼購入費は1,574円であった。図7-7では，1人あたり消費額が4,044円を上まわる消費者を高額消費者，1人あたり消費額が4,044

（6）3C分析とは，マーケティング分析に必要不可欠な3要素である顧客（Customer），自社（Company），競合他社（Competitor）について自社の置かれている状況を分析する手法である。詳しくは，第3章の注（9）（10）を参照されたい。

図7-7　多治見観光の1人あたり消費額（2021年・n=508）

（注）土産購入費は，主にモザイクタイル商品であると推察するが，回答項目にモザイクタイル商品と明記していなかったことが悔やまれる。
出所：筆者実施によるアンケート調査の結果から筆者作成。

円を下まわる消費者を低額消費者と区分した。

　高額消費者は，全回答者の23％を占めていて，1人あたり消費額は13,586円，1人あたり美濃焼購入費は5,793円であった。他方，低額消費者は，全回答者の77％を占めていて，1人あたり消費額は1,125円，1人あたり美濃焼購入費は283円であった。

　前述の市場細分化分析と合わせて，多治見観光における美濃焼購入のターゲットは，60代を中心に，①60代×高額消費者，②40代〜50代×高額消費者であろう。

4.3. どのような客層に美濃焼を売っていくか③：ペルソナ分析

　STP分析は，①市場細分化（segmentation）分析，②ターゲット（targeting）分析，③自社立ち位置（positioning）分析からなるが，無数ある「美濃焼」の自社立ち位置分析は，各社にゆだね，本節では，筆者が考える多治見観光のペルソナ（理想の消費者像）を例示したい。筆者が考える多治見観光のペルソナ（理想の消費者像）は，アンケート回答番号429（訪問日2021年10月17日・60代・女性・愛知県在住・夫婦2人だけ・多治見観光回数10回以上・1人あたり消費額14,000円）である。アンケート回答番号429の観光消費額は，夫婦2人で28,000円（美濃焼購入費20,000円・飲食費4,000円・土産購入費

2,000円・交通費2,000円・宿泊費0円）であった（調査結果Q3参照）。

　アンケート回答番号429（愛知県在住60代夫婦）は，自家用車で多治見観光へ来ていて（調査結果Q11参照），多治見市内では，本町オリベストリート・セラミックパークMINO・多治見モザイクタイルミュージアム，多治見市外では高山市へ行っている。アンケート回答番号429（愛知県在住60代夫婦）は，日帰りで多治見観光に来ていて，多治見市内で5時間も滞在している（調査結果Q16参照）。アンケート回答番号429（愛知県在住60代夫婦）は，美濃焼鑑賞が今回の観光目的であり（調査結果Q15参照），多治見観光の魅力は，豊かな自然・町なみや旧跡と回答している。アンケート回答番号429（愛知県在住60代夫婦）の美濃焼購入理由はデザインの良さ，オススメの美濃焼窯元は「幸兵衛窯」である（調査結果Q9参照）。

　アンケート回答番号429（愛知県在住60代夫婦・多治見観光回数10回以上・夫婦2人の多治見観光消費額28,000円）のような美濃焼ファンである熱狂的リピーターに向けて，どのような美濃焼（モノ）を作り売るのか，どのような産業観光（コト）を提供するのか，各社のマーケティグ戦略に期待したい。

5. まとめとフィードバック

5.1. まとめ

　本章で地域産品「美濃焼」のターゲットとした「60代×高額消費者」「40代～50代×高額消費者」は，「志野」や「織部」など，それぞれに推しの「美濃焼」が存在する熱狂的な美濃焼ファンであることがわかった。

　多治見市の地方創生や地域経済再生のためには，「タイルと美濃焼」の産業観光を充実させ，1年をとおした観光消費額の増額に結びつけていく必要がある。

　「タイルと美濃焼」などの地域産業は，その土地ならではの魅力であり，地域経済を支える大きな柱である。新しいモノや新しいコトが生まれては，注目

を集めている。新しいモノや新しいコトは，私たちの生活を豊かにしてくれるが，地域産業を再生しなければ，どこの地域も似たような場所になり，地域に魅力も感じられなくなってしまう。他の地域と差別化するためにも，地域産業の再生は必要不可欠であり，地域産業の再生をあきらめてはならない。新しいモノや新しいコトを取り入れた地域産業の再生に取り組むべきである。

　美濃焼に限定せず，「タイルと美濃焼」を合わせたリブランディングが2020年から動き出したセラミックバレー美濃構想である。セラミックバレー美濃構想は，「タイルと美濃焼」産業とその文化をリブランディングし，産業と地域を活性化する取り組みである（井澤2020・3頁）。セラミックバレー美濃は，多治見市・瑞浪市・土岐市・可児市からなる美濃やきもの生産地のブランド総称である。

　多治見市での，①作陶体験などの，サービス（無形商品）に価値を感じてお金を使う「コト消費」，②時代の流行り廃り追った売れる美濃焼などの，モノ（有形商品）に価値を感じてお金を使う「モノ消費」，③そのトキ・その場所でしか消費できない心トキめくモノやコトに価値を感じてお金を使う「トキ消費」の3つの消費額を増やすことが，「美濃焼」「モザイクタイル」を合わせた多治見「やきもの」産業の再生につながると結論づける。観光客数増数ではなく，多治見観光の1人あたり消費額（客単価）増額に取り組むべきである。

　アンケート回答番号429（愛知県在住60代夫婦・多治見観光回数10回以上・夫婦2人の多治見観光消費額28,000円）のような美濃焼ファンである熱狂的リピーターに向けて，どのような美濃焼（モノ）を作り売るのか，どのような産業観光（コト）を提供するのか，各社のマーケティグ戦略に期待したい。

5.2. 本章の調査報告に対する多治見市関係者からのフィードバック

① 竹内幸太郎2021年度理事長（多治見陶磁器卸商業協同組合・2022年2月7日筆者インタビュー）

　多治見市における全製造業の製造品出荷額等は1,356億円です（「2019年経

済産業省工業統計」より）。多治見市では，全製造業のうち，窯業・土石製品（タイルと美濃焼関連）が製造品出荷額等の48%（654億円）を占め，他の産業と比較しても突出して高い数値です。岐阜県の東濃地域は，やきものの製造品出荷額等シェアも全国第1位であり，美濃焼の一大産地です。

　ただし，本章の調査報告のとおり，多治見市の窯業・土石製品（タイルと美濃焼関連）は，あらゆる面において減少トレンドにあります。美濃焼を利用した地域経済の活性化に取り組むためには，行政，企業，地域住民が有機的に結びつく仕組みづくりが必要です。

　美濃焼産業すべての関係者が恩恵を受けられる好循環を生み出し美濃焼産業を復活させ，多治見市の地域経済活性化につなげたいです。本章の調査報告の結論に書かれている「コト消費」「モノ消費」「トキ消費」の消費額増額を図るため，行政，企業，地域住民が有機的に結びつく仕組みづくりを実現します。

② 長谷川昭治2021年度課長（多治見市産業観光課・2022年2月15日筆者インタビュー）

　2020年に市制80周年を迎えた多治見市は，古くから美濃焼の生産と流通の拠点として栄えてきました。現在では，美術館や作陶体験施設を多く有し，やきものの歴史と文化をより身近に感じることができ，やきものを購入できるギャラリーやショップも多く点在しています。

　多治見市を含む岐阜県東濃地方の西部は世界有数のやきものの一大生産地であり，2021年には世界最大級の陶磁器祭典となる国際陶磁器フェスティバル美濃を開催しました。また，この地域をセラミックバレー美濃と名づけ，民間が主導で多治見市と連携して，国内外へこの地域の魅力を伝えています。

　近年，多治見市では美濃焼産業と観光を結ぶ取り組みとして，オープン・ファクトリーの環境整備や，この地でしか体験できない着地型体験プログラムの発掘と造成に力を入れています。こうした取り組みをさらに発展させ，多治見の魅力向上を図り，この調査報告にもある「コト・モノ・トキ」の要素を増やして，美濃焼産業の振興へ結びつけていきます。

③ 水野高明2021年度事務局長（多治見市観光協会・2022年2月1日筆者インタビュー）

　多治見市は，美濃焼産業を柱に発展してきたが，本章の調査報告でも指摘しているように，その産業基盤は年々低下してきている。しかしながら，美濃焼産業が長年培ってきた歴史や文化は，多治見市にとってかけがえのない財産であり，産業観光の有力な資源である。

　多治見市観光協会は，国土交通省観光庁「登録観光まちづくり法人（日本版DMO）」に登録された2021年3月を機に，美濃焼にくわえ，食文化，地酒，農産品，魅力あるお店などを融合させた「モノ・コト・トキ消費」の拡充に力を入れている。多治見市観光協会では，多治見の地域経済をいま以上に盛り上げていきたい。

④ 安藤英利2021年度副理事長（多治見陶磁器卸商業協同組合陶都創造館担当・2022年2月7日筆者インタビュー）

　多治見市では，20年ほど前から，美濃焼を柱とした産業観光に力を入れてきた。多治見市における産業観光の中心が，本町オリベストリートである。本町オリベストリートは，陶器商発祥の地であり，多治見陶磁器卸商業協同組合発祥の地でもある。その中核拠点が「陶都創造館」であり，「陶都創造館」は多治見陶磁器卸商業協同組合が運営している。

　多治見陶磁器卸商業協同組合では，「陶都創造館」館内施設を充実させ，毎月のようにイベント（トキ消費）を仕掛けてきた。イベントに参加する店舗は多治見市内だけでなく，市外からのイベント出店者も増えた。その賑わいが本町オリベストリートに波及し，古民家を利活用して出店する若い人が新たに増えた。これに比例して来訪者も増え，年齢層も若返っている。

　陶器商発祥の地で商いをさせていただいている感謝の念を込め，これからも美濃焼を柱とした産業観光に力を入れていく。どのような客層をターゲットにイベント（トキ消費）を仕掛けるか。どのような客層がどんな商品を求めているのか。このようなことに対して，データを蓄積し，細かく分析する。それを

多治見陶磁器卸商業協同組合の組合員にフィードバックすることで，地場産業を支援し，美濃焼ブランドの向上につなげたい。

⑤ 村山閑氏（多治見市モザイクタイルミュージアム・2022年2月11日筆者インタビュー）

多治見市モザイクタイルミュージアムは，2016年にタイルの博物館として開館した。年間来館者予想数2万5人に対して，初年度の9カ月目に来館数12万人を超えた。

2017年度の来館者数は17万人に達した。来館者予想数よりも実数がはるかに上まわったのは，2017年の流行語大賞にもなった「インスタ映え」の影響であろう。2017年から2018年当時は「インスタ映え」を狙って来館し，建物を撮影する人が多かった。「インスタ映え」ブームが落ち着いた2019年以降，本章の調査報告にあるように，来館者数が減少しているのは，必然だったと考えている。

美濃焼鑑賞を目的とした観光客は，多治見市モザイクタイルミュージアムへ来館していないと感じている。多治見市モザイクタイルミュージアム来館者が，美濃焼を「ついで買い」したとしても，全来館者の1割ほどではないだろうか。そもそも，モザイクタイルを美濃焼の一種と認識している人はごくわずかだと考えられる。タイルは食器のように単体で持ち帰ってそのまま使えるものではない。多治見市モザイクタイルミュージアム来館者が美濃焼を購入するという，本章調査報告の仮説に疑問を抱く。

新型コロナのパンデミックを経て，これからの多治見観光を考えたとき，現地訪問の観光客数を増やすことは，必ずしも重要ではない。これからの多治見観光を検討するときには，地域産業の持続性を考え，どのように全国や世界に市場を広げられるかといった視点が必要であろう。

⑥ 樋口正光2021年度事務局長（国際陶磁器フェスティバル美濃実行委員会・2022年2月3日筆者インタビュー）

国際陶磁器フェスティバル美濃は，1986年から陶磁器のデザイン・文化の国際的な交流をつうじた，さらなる陶磁器産業の発展と文化の高揚を目的として，3年に1度開催してきました。国際陶磁器フェスティバル美濃のテーマは，「土と炎の国際交流」です。本章の調査報告にもあったように，国際陶磁器フェスティバル美濃開催年に観光客数が増えているのは，私たちの成果の一部が数字として表れていて，たいへん喜ばしく思います。

しかしながら，2020年開催予定だった第12回の国際陶磁器フェスティバル美濃は，新型コロナウイルス感染症拡大の影響を受けて，2021年に開催しました。開催年を1年延期した2021年の国際陶磁器フェスティバル美濃2021でも，新型コロナウイルス感染症の影響で，海外はもとより国内の遠方の方も来場しにくい状況でした。同祭典では，飲食イベントなど，多くの事業が中止や縮小になり，非常に残念です。同祭典の縮小開催は，観光客の居住地，美濃焼などの購入費，飲食費などの消費額にも影響が出ていると思います。

本章調査報告の結果も踏まえて，次回の国際陶磁器フェスティバル美濃2024（2024年開催予定）では，美濃焼産業や陶磁器文化，そしてこの地域の振興に寄与できるトキ消費にしていきます。

⑦ 竹内幸太郎運営委員長（国際陶磁器フェスティバル美濃実行委員会・2022年2月7日筆者インタビュー）

国際陶磁器フェスティバル美濃では，日本最大の陶磁器産地であるセラミックバレー美濃と美濃焼の歴史について，全世界へ向け発信してきました。国際陶磁器フェスティバル美濃2021は，コロナ禍の影響で短期間の開催となりましたが，こどもから大人まで多くの人にご来場いただきました。

本章調査報告のとおり，これまで開催してきた国際陶磁器フェスティバル美濃は，多治見観光の客数に対する影響度は高かったです。美濃焼産業を復活させ，国際陶磁器フェスティバル美濃2024では，多治見市のみならず，東濃地

域の地域経済活性化につながる「トキ消費」を目指します。

〔謝辞〕

　アンケート調査実施とフィードバックにご助力いただいた竹内幸太郎2021年度理事長（多治見陶磁器卸商業協同組合），長谷川昭治2021年度課長（多治見市産業観光課），水野高明2021年度事務局長（一般社団法人多治見市観光協会），安藤福利2021年度副理事長（多治見陶磁器卸商業協同組合陶都創造館担当），村山閑氏（多治見市モザイクタイルミュージアム），樋口正光2021年度事務局長（国際陶磁器フェスティバル美濃実行委員会）に感謝申し上げる。

　アンケート調査の実施にかかわった金子峻介（長崎県立大学2021年度3年生），後藤俊輔（同2021年度3年生），中野凌駕（同2021年度3年生）の労をねぎらいたい（敬称略）。

❓考えてみよう

(1) 任意の地域ついて，図7-1を参考に，人口増減の推移と高齢化率を調べ，人口増減の要因を考えてみよう。

(2) 任意の地域について，図7-2を参考に，産業構造を調べ，地域産業の特徴を考えてみよう。

【参考文献】
井澤秀哉（2020）「セラミックバレー美濃構想と進め方」セラミックパーク美濃。
岐阜県観光国際局観光企画課（2001：2021）『岐阜県観光入込客統計調査』。
産業観光推進会議（2014）『産業観光の手法：企業と地域をどう活性化するか』学芸出版社。
須田寛（2005）『産業観光読本』交通新聞社。
多治見市企画防災課（2016）「第7次多治見市総合計画」。
多治見市企画防災課（2021）「第2期多治見市まち・ひと・しごと創生総合戦略」第2版。

多治見市経済部（2020）「多治見市産業観光・観光振興計画」。

竹田英司（2022）「多治見観光と美濃焼の市場調査：2021年度長崎県立大学受託研
　　究成果報告書」『長崎県立大学論集』55（4），291-322頁。

内閣府まち・ひと・しごと創生本部「地域経済分析システム（RESAS）」
（https://resas.go.jp/）。2022年1月18日アクセス。

第8章
美濃焼産業の再生と産業観光⁽¹⁾

1. 研究課題

1.1. 研究の背景

　日本国内では，COVID-19（新型コロナウイルス感染症・2019年12月中国武漢市発症）拡大の影響によって観光消費が大きく落ち込んだ結果，観光産業や観光地は厳しい状況にある。日本政府は，観光産業や観光地の再生による地方創生や地域経済再生を検討している⁽²⁾。

　持続可能な（sustainable）地域経済のためには，アフターコロナ時代における地域活性化と観光産業に関する検討会（2022）の提言どおり，地域外から所得を獲得する「地域の稼ぐ力」（地域の移出産業）の再生や育成が不可欠である⁽³⁾。日本政府は，「地域の稼ぐ力」である地域の移出産業を重要視し，個人観光や着地型観光による地方創生や地域経済再生を推進している。日本政府は，①観光地の再生，②観光地の高付加価値化，③持続的な観光地経営の確立

---

(1) 本章は，新型コロナウイルス感染症（COVID-19）拡大後の2021年調査結果である。

(2) 「観光は我が国の成長戦略の柱であり，地方創生の切り札である。世界に類を見ない人口減少・少子高齢化に直面する我が国において，観光によって生み出される国内外からの交流人口の増大とそれにともなう旅行消費（観光消費）は地域の活性化と経済に大きな効果をもたらしており，今後もその効果が期待されるところである。また，こうした旅行消費（観光消費）は直接的な消費額だけにとどまるものではなく，地域の様々な産業に対して，年間で55.8兆円もの生産波及効果を生み出すとともに，456万人もの雇用誘発効果も創出している」（アフターコロナ時代における地域活性化と観光産業に関する検討会2022・2頁・括弧内引用者追記）

(3) 「コロナ禍からの観光V字回復を図り，『稼げる地域・稼げる産業』を実現するため，疲弊した観光地の再生・高付加価値化と持続的な観光地経営の確立を強力に推進するとともに，その中核および牽引役を担う観光産業について，コロナ禍で一層顕在化した積年の構造的課題を解決し，再生を図ることが重要である」（アフターコロナ時代における地域活性化と観光産業に関する検討会2022・9頁）。

に関する施策を計画している（アフターコロナ時代における地域活性化と観光産業に関する検討会2022・10-12頁）。

　地方創生や地域経済再生に向け，「地域の稼ぐ力」（地域の移出産業）を再生や育成すべきである。地方では，農林漁業・地場産業・観光産業などが，地域の特化産業であり，地域の移出産業である。

　地域振興としての観光は，人口規模が小さい地域でも，海外を含めて地域外と接点をもつ方策である（安本2022・134頁）[(4)]。

1.2. 研究の目的と意義

　地域の特徴的なモノやサービスに地域名をつけて他地域のそれと差別化を図ろうとする，地域ブランドの取り組みがみられる。地域産業を地域ブランド化することで，「地域の稼ぐ力」（地域の移出産業）は再生や育成できるのだろうか。

　本章の目的は，岐阜県多治見市とその美濃焼産業を事例に，「地域の稼ぐ力」（地域の移出産業）の再生や育成を検討することである。本章では，地域産品ブランド「美濃焼タイル」「美濃焼」や生産地ブランド「セラミックバレー美濃」が，観光消費額の増額，タイルや美濃焼への生産拡大にどのような影響をもたらしているかについて検証する。地域や地域産品のブランド化が，観光消費額の増額や生産の拡大に結びつくことがわかれば，「地域の稼ぐ力」（地域の移出産業）再生の一助となるであろう。

1.3. 研究対象「多治見市と美濃焼」の概要

　岐阜県多治見市（2022年3月31日人口107,817人）は，タイルや美濃焼な

どの生産地として発展してきた。多治見市は，2006年に岐阜県土岐郡笠原町と合併し，東濃地方の中核都市となった。現在の多治見市は，多治見市企画防災課（2020・11頁；36頁）によれば，多治見市産業観光課，陶磁器意匠研究所，たじみDMO（一般社団法人多治見市観光協会）が中心となって，美濃焼ブランドの構築や，美濃焼の産業観光に取り組んでいる。

　美濃焼には，経済産業大臣指定伝統的工芸品「黄瀬戸」「瀬戸黒」「志野」「織部」「灰釉」「天目」「染付」「赤絵」「青磁」「鉄釉」「粉引」「御深井」「飴釉」「美濃伊賀」「美濃唐津」の美濃焼15種類と，経済産業大臣指定伝統的工芸品に該当しない美濃焼がある。経済産業大臣指定伝統的工芸品の美濃焼は，歴史や文化にもとづく工芸品である。100年以上続く「伝統的」製法で作られたという伝統的工芸品産業の振興に関する法律（1974年交付・1992年と2001年一部改正，通称・伝産法）の区分から，たとえば焼成方法では，薪窯やガス窯の一部で還元焼成されたやきものだけが経済産業大臣指定伝統的工芸品「美濃焼」，電気窯・灯油窯・ガス窯で酸化焼成されたやきものが経済産業大臣指定伝統的工芸品に該当しない地域産品「美濃焼」となる。ほかにも，成形方法ではローラーマシーンや圧力鋳込みなど，装飾方法ではパット印刷・スクリーン印刷・銅板紙・転写紙などによって生産されたやきものが経済産業大臣指定伝統的工芸品に該当せず，地域産品「美濃焼」となる。

　経済産業大臣指定伝統的工芸品に該当しない美濃焼は，時代の流行り廃りを追った地域産品であり工業製品である。時代の流行り廃りを追った地域産品「美濃焼」も，時代時代で，あるいは同じ時代でも，意匠は千差万別である。

　世の中に1つしかないモノ（美術品または美術品に近いモノ）を作るのが工芸品であり，製品規格を満たすモノ（工業製品）を作るのが地域産品である。

　本書は，地域産品「波佐見焼」「美濃焼」「有田焼」に関する調査研究である。

2. 先行研究の整理

2.1. 地域ブランドと地域マーケティングに関する先行研究

　地域ブランドと観光ブランドの違いは何か。地域マーケティングと観光マーケティングは，地域を製品とみなし，マーケティング活動を展開するという点では共通しているが，誰がそれを行うかというマーケティング主体と，誰がその対象となるかという顧客設定において異なる。観光マーケティングを取り込む形で，地域マーケティングが形成されたとみなすほうが適切であろう（小林2016・77-78頁）。

　地方の味方は誰なのか。地域産品を積極的に購入する消費者たちはいるのだろうか。地方の活性化を望み，同時に，地方への支援はむしろ地方の活力を失わせると考える地方自立志向の人たちも，ふるさと納税の利用者に多く含まれていた。しかし，地方自立志向の人たちは，地域産品を積極的に選ばない。地方自立志向の人たちは，地方の味方ではなく，地域産品のマーケティングでは，いちばん後回しになる。他方，地方を支援する動機をもって地域産品を選択するのが，地方援助志向の人たちである。地方の味方は，地方援助志向の人たちである。消費者のなかで相対的に地域産品を積極的に購入するのは，地方援助志向の人たちである。地方援助志向の人たちは，都市住民の約2割を占めているので，地域産品の市場導入を目指すマーケターは，地方援助志向の人たちを，まずは主たるターゲットとして検討すべきである（岩永2020・115-116頁）[5]。

---

(5)「地方への政府支援は地方の活力を失わせる」「地方交付税を減らすべき」と考える層が地方自立層であるが（岩永2020・100頁），本書では地方自立層を地方自立志向の人たちと置き換えている。「地方と都市の所得格差を解消すべきだ」「都市は財政的に地方を支えるべきだ」と考える層が地方援助層であるが（岩永2020・100頁），本書では地方援助層を地方援助志向の人たちと置き換えている。

2.2. 美濃焼生産と美濃焼ブランドに関する先行研究

　美濃焼と総称される陶磁器には，「志野」「織部」「黄瀬戸」「瀬戸黒」などの伝統的な陶器から，食卓を彩る和洋食器まで極めて多彩である。価格帯も非常に幅が広い。1つ数百万円で取引される芸術作品もあれば，1つ数十円の量産品もある。また茶碗や皿，器などの食器類だけではなく，住宅の内装・外装に使われるタイルも含まれる。市場の成長期に量産品を伸ばす上では，このような多様性は強みだったと考えられる。多様性は美濃焼の強みだが，ブランディングを推進する際には，阻害要因になる（古川ほか2016・137-149頁）。

　美濃焼という共通の産業をもつ東濃3市（多治見市・瑞浪市・土岐市）だが，各市には違いがある。工房や工場が多く，製造に強いのが瑞浪市と土岐市であり，販売やマーケティングを行う商社の役割を担うのが多治見市である。美濃焼のブランド力を高めることは共通の利害である。東濃3市の連携強化を示すものが，国際陶磁器フェスティバルである（古川ほか2016・146-148頁）。

　消費不況，海外からの輸入拡大，物価下落，ライフスタイルの変化など，日本最大の陶磁器生産地である土岐市は深刻である。これに対応する戦略計画として，土岐市は，デザインの強化を提案し，TOTTOKI（とっとき；土岐・とっておき・陶器の略語）ブランドに取り組んでいる（熊田2011・170頁，括弧内引用者追記）[6]。「TOTTOKI（とっとき）」や「土岐美濃焼」といった地域ブランド化の動きがある。

　他方，「美濃焼」ブランドのイメージ改善も検討されている。多治見市製造品出荷額等の約50％を占める窯業・土石製品（タイルと美濃焼関連）産業が減少トレンドにある。美濃焼生産地が取り組まなければならない課題は，安価な商品の大量生産からの脱却とブランド化である。美濃焼はもともと，安価な商品を大量生産することで利益を確保してきた。しかしながら，美濃焼の価格を下まわる安価な輸入商品の流入および陶磁器自体の需要減少によりこのビジ

（6）美濃焼の価値向上と後継者の育成を目指すプロジェクトがTOTTOKI事業である（2022年5月9日アクセス・https://www.toki-minoyaki.jp/）。

ネスモデルは成り立たない現状に直面している（古海2016・42頁）。

　安価な美濃焼の量産体制が，中国からの輸入品増大の影響を大きく受け，和飲食器の生産額は1991年の2,315億円から2012年の614億円へと急減した。このような状況を打開するため，美濃産地では，製品価値向上に努めている。その一つが，作家性や美術性の強化を軸としたブランド化である。作家性や美術性の強化には，量産型製品の生産体制とは異なる人材育成システムが必要であり，多治見市陶磁器意匠研究所で作家性や美術性を備えた人材育成が行われている（初澤2015・8-9頁）。

　美濃焼に限定せず，タイルと美濃焼を合わせたリブランディングが2020年から動き出したセラミックバレー美濃構想である。セラミックバレー美濃構想は，「タイルと美濃焼」産業とその文化をリブランディングし，産業・地域を活性化する取り組みである（井澤2020・3頁）。セラミックバレー美濃は，多治見市・瑞浪市・土岐市・可児市からなる美濃やきもの生産地ブランドの総称である。

　美濃焼のブランド改善や人材育成などの産業振興に関して，①美濃焼祭の開催，②テーブルウェア・フェスティバルへの出展支援，③国際陶磁器フェスティバルの開催，④陶磁器意匠研究所による担い手の育成，⑤オープン・ファクトリーの整備などの支援事業が多治見市によって実施されている（多治見市経済部2020・1頁）。

2.3. 多治見産業観光に関する先行研究

　東濃地方では，2006年度観光客数1,042万人（100.0％）そのうち宿泊客数46万人（4.4％），2009年度観光客数1,212万人（100.0％）そのうち宿泊客数49万人（4.0％）であり，観光客数は増加しているものの，宿泊客数は伸び悩んでいる。東濃の拠点である多治見市においても同様であり，今後の観光戦略において日帰り客を対象とした地域戦略を貫くことが必要である（水野2011・60頁）。多治見産業観光には，やきもの街道（本町オリベストリート，市之倉オリベストリート，たかた・おなだオリベストリート）と歴史街道（旧

中山道）の相乗効果を高めるべきである。そのためにも東濃地方の広域連携が必要である。東濃5市（多治見市・土岐市・瑞浪市・恵那市・中津川市）と岐阜陶磁器資料館やセラミックパークMINOなどによる協同企画や，東濃5市連携による，ぎふ東濃アートツーリズム・プロジェクトの推進が望まれる（水野2011・59頁）。

　カゴ売り・量り売り・ワンコイン売りで販売するようなビジネスモデルを継続していてはブランド化ができない。そこで美濃焼単体で販売するのではなく，食と陶器，観光と陶器を有機的に組み合わせて美濃焼のブランド化を進めていく。①美濃焼を造る作陶体験，②食と美濃焼を使ったテーブルウェアの提案，③愛用した美濃焼の供養，といった美濃焼ライフサイクルの産業観光を検討すべきである（古海2016・42頁）。

　タイルや美濃焼の多治見産業観光に関して，①本町オリベストリートやうながっぱの誕生，②モザイクタイルミュージアムの開館，③観光協会の法人化などの支援事業が多治見市によって実施されている（多治見市経済部2020・1頁）。

　表8-1は，多治見市経済部（2020）がまとめた，多治見市における産業振興や産業観光の強みと弱み（2頁）から抜粋したものである。

表8-1　産業振興や産業観光の強みと弱み（2020年・多治見市）

強み	弱み
モザイクタイルミュージアムへの集客	商店や事業主の高齢化と後継者不足
飲食店の店舗増数と付加価値額増額	地域内消費の低迷
オープン・ファクトリーの整備	公共交通機関と駐車場の不足
美濃焼に関する歴史と文化	生産年齢人口の流出
陶磁器意匠研究所による国内外研究生の育成	市外大型複合店への顧客流出
多治見市への人口流入増加	チェーン店経由で都市部へキャッシュ流出
陶磁器とタイル業界での女性活躍	美濃焼の低付加価値

（注）強み13項目のうち7項目を，弱み11項目のうち7項目を，それぞれ抜粋した。
出所：多治見市経済部（2020）「多治見市産業観光・観光振興計画」2頁。

3. 学術的問いと検証方法

（1）美濃焼生産と美濃焼ブランドに関する先行研究から，いまも美濃焼の生
　　産は減少し続けているのだろうか。

（2）多治見産業観光に関する先行研究から，いま多治見市を訪れる観光客に
　　はどのような特性があるのだろうか。

　先行研究を整理した上記の学術的問い（1）（2）について，次の検証を行う。
①「美濃焼」の生産に関して，既存データから美濃焼生産の事業所数・従業者
数・製造品出荷額等・付加価値額・1人あたり付加価値額・1人あたり現金給
与額・特化係数を検証する。②多治見産業観光の特性に関して，施設の来場者
数・イベントの入場者数を検証する。③そのうえで，やきもの生産地における
地域ブランド化と産業観光の育成について考察する。

4. 検証結果（1）
　：いまも美濃焼の生産は減少し続けているのだろうか

4.1.「タイルと美濃焼」生産の事業所数・従業者数・製造品出荷額等・
　　付加価値額・1人あたり付加価値額・1人あたり現金給与額

　美濃焼など，岐阜県における「タイルと美濃焼」の製造品出荷額等は，
2019年現在562億円である。岐阜県における「タイルと美濃焼」の生産品目
は，図8-1に示されているように，2019年現在，陶磁器製食器39％，陶磁器
製タイル30％，坏土12％，碍子ほか8％，工業用ファインセラミックス8％，
絵付け品2％の順で高い[7]。それぞれの岐阜県内製造事業所数は，陶磁器製食
器195軒，陶磁器製タイル41軒，坏土22軒，碍子ほか4軒，工業用ファイン

（7）窯業製品としてのセラミックス（ceramics）は，①陶磁器，②耐火物，③ガラス，
　　④セメント，⑤ファインセラミックスに大別される。広義では，（イ）陶磁器をオール
　　ドセラミックス，（ロ）硬くて耐熱性・耐食性・電気絶縁性などに優れた耐火物・ガラ
　　ス・セメントをセラミックス，（ハ）高精密なセラミックスをファインセラミックス，
　　とよぶこともある。

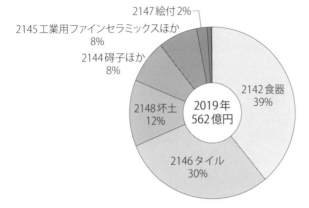

図8-1 「タイルと美濃焼」の生産品目（岐阜県・2019年）

2147絵付 2%
2145工業用ファインセラミックスほか 8%
2144碍子ほか 8%
2148坏土 12%
2142食器 39%
2146タイル 30%
2019年 562億円

（注1）4桁の数値は，日本標準産業分類コードを示している。
（注2）対象は，従業者数4人以上の製造事業所である。
（注3）岐阜県の衛生陶器（214111）1軒，電気用特殊陶磁器（214412）1軒，ファインセラ
　　　ミック製IC基板（214413）2軒，理化学用・工業用陶磁器（214511）1軒，モザイ
　　　クタイル（214611）20軒の製造品出荷額等は非公開であり，図中の562億円には含
　　　まれていない（括弧内の6桁数値は日本産業分類コード）。
出所：経済産業省（2021b）から筆者作成。

セラミックス11軒，絵付け品8軒である。

　日本における陶磁器製和洋食器の製造品出荷額等は，図8-2に示されたとおり，最盛期1991年2,445億円から減額傾向にあり，2019年現在455億円，最盛期1991年の19％まで落ち込んでいる。

　岐阜県における陶磁器製和洋食器の製造品出荷額等は，図8-2に示されたとおり，最盛期1985年から減額傾向にあり，2019年現在220億円，最盛期1985年の21％まで落ち込んでいる。一方，陶磁器製和洋食器における岐阜県の製造品出荷額等シェアは，1985年46％から2006年35％まで下落傾向にあったが，2007年36％から2019年現在48％まで上昇傾向にある。

　多治見市における美濃焼・モザイクタイル・碍子・衛生陶器など，「タイルと美濃焼」生産の事業所数は，図8-3左目盛りに示されたとおり，1986年634

図8-2　陶磁器製和洋食器の製造品出荷額等

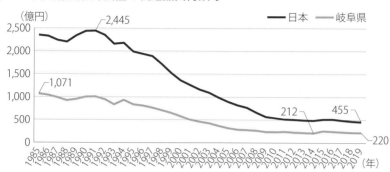

(注1)　従業者数4人以上の製造事業所。
(注2)　陶磁器製の和食器・洋食器・台所調理用品の合計額。
出所：経済産業省（1987：2021b）から筆者作成。

軒が最も多く，1987年から減少傾向にあり，2019年現在144軒である[8][9]。「タイルと美濃焼」生産の事業所数は，2019年現在，最盛期1986年634軒の23％まで減少していて，過去と比べて最も少ない。

　多治見市における「タイルと美濃焼」生産の従業者数は，図8-3右目盛りに示されたとおり，1989年9,112人が最も多く，1990年から減少傾向にあり，2019年現在2,955人である。「タイルと美濃焼」生産の従業者数は，2019年現在，最盛期1989年9,112人の33％まで減少，最衰期2005年2,807人の105％まで増加している。

　多治見市における「タイルと美濃焼」生産の製造品出荷額等は，図8-4に示

(8)　2006年1月，「美濃焼」生産地の旧多治見市に，「モザイクタイル」生産地の旧笠原町が編入された。多治見市における「タイルと美濃焼」生産には，モザイクタイル，碍子（がいし），衛生陶器などが含まれている。
(9)　美濃焼タイルの歴史は，1914年に多治見市から始まった。美濃焼タイルの根底には，美濃焼の伝統と技がしっかりと息づいている。いまタイルを生産する工場は，岐阜県と愛知県が全国の90％を占めている。コンクリート建築物の増加や，庶民の衛生意識の向上によって，カラフルでモダンなタイルが好まれ，美濃焼タイルは，さまざまな場所に使われている（美濃タイル商業協同組合公式webページより引用者抜粋）。

図8-3　多治見市「タイルと美濃焼」生産の事業所数（左）と従業者数（右）

(注) 図中の「タイルと美濃焼」は，岐阜県多治見市の「窯業・土石製品製造業/従業員数4
　　人以上の事業所」である。
出所：内閣府「地域経済分析システム（RESAS）」からデータを収集し筆者作成。

されたとおり，1990年1,411億円が最も高く，1991年から2009年まで減額傾
向，2010年から増額傾向にある。「タイルと美濃焼」生産の製造品出荷額等は，
2019年現在654億円，最盛期1990年1,411億円の46％まで減額，最衰期2009
年465億円の141％まで増額している。

　「美濃焼」生産地である岐阜県土岐市の美濃焼製造品出荷額等が，2019年現
在，最衰期2010年533億円の108％（577億円）しか回復していないので，多
治見市における「タイルと美濃焼」生産の回復は，タイルが牽引していると推
察する。

　多治見市における「タイルと美濃焼」生産の付加価値額は，図8-4に示され
たとおり，1990年751億円が最も高く，1991年から2006年まで減額傾向，
2007年から増額傾向にある。「タイルと美濃焼」生産の付加価値額は，2019
年現在343億円，最盛期1990年751億円の46％まで減額，最衰期2006年268
億円の128％まで増額している。

　「タイルと美濃焼」生産の1人あたり付加価値額（労働生産性，＝付加価値
額/従業者数）は，図8-5に示されたとおり，1990年844万円から2005年まで
減額傾向，2006年から増額傾向にある。「タイルと美濃焼」生産の1人あたり

図8-4　多治見市「タイルと美濃焼」生産の製造品出荷額等と付加価値額

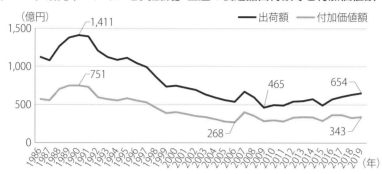

（注）図中の「タイルと美濃焼」は，岐阜県多治見市の「窯業・土石製品製造業/従業員数4人以上の事業所」である。

出所：内閣府「地域経済分析システム（RESAS）」からデータを収集し筆者作成。

付加価値額は，2019年現在1,162万円，最盛期2016年1,223万円の95％まで減額，2006年663万円の175％まで増額している。

　「タイルと美濃焼」生産の1人あたり現金給与額（年収，＝現金給与総額/従業者数）は，図8-5に示されたとおり，1998年379万円が最も高く，1999年から減額傾向，2012年から増額傾向にある[10]。「タイルと美濃焼」生産の1人あたり現金給与額は，2019年現在347万円，最盛期1998年379万円の92％まで回復，2011年301万円の115％まで増額している。

4.2.「タイルと美濃焼」生産の特化係数

　内閣府「地域経済分析システム（RESAS）」では，どの産業が効率的に利潤を出しているかなどを特化係数で表している。特化係数は，全国平均値に対する地域特定産業の相対的な集積度，つまり強みを測る指数である。

　付加価値額特化係数は，（j地i産業の付加価値額/j地全産業の付加価値額）/

（10）経済産業省（2021a）によれば，現金給与総額とは，，1年間（1〜12月）に常用雇用者・有給役員へ支払われた基本給・諸手当・期末賞与等・その他の合計額である。

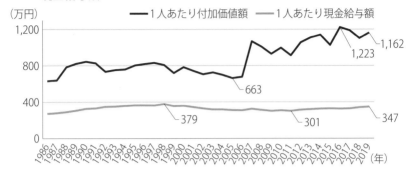

図8-5　多治見市「タイルと美濃焼」生産の1人あたり付加価値額と1人あたり
　　　　現金給与額

(注)　図中の「タイルと美濃焼」は，岐阜県多治見市の「窯業・土石製品製造業/従業員数4
人以上の事業所」である。
出所：内閣府「地域経済分析システム（RESAS）」からデータを収集し筆者作成。

（国内i産業の付加価値額/国内全産業の付加価値額）で求められる。付加価値
額特化係数が1.0を超えていれば，当該地域産業の付加価値額は，当該産業の
全国平均値に比べて特化しているといえる。以下，内閣府「地域経済分析シス
テム（RESAS）」にもとづく。

　多治見市の付加価値額特化係数は秘匿業種を除いて，①窯業・土石製品製造
業20.3，②娯楽業5.1，③陶磁器・ガラス器小売業4.8，④陶磁器・ガラス器
卸売業2.1，⑤飲食料品小売業1.9の順で高い。

　企業従業者特化係数は，（j地i産業の企業従業者数/j地全産業の企業従業者
数）/（国内i産業の企業従業者数/国内全産業の企業従業者数）で求められる。
企業従業者特化係数が1.0を超えていれば，当該地域産業の企業従業者数は，
当該産業の全国平均値に比べて特化しているといえる。以下，内閣府「地域経
済分析システム（RESAS）」にもとづく。多治見市の企業従業者特化係数は秘
匿業種を除いて，①窯業・土石製品製造業13.4，②その他のサービス業11.5，
③協同組織金融業5.8，④飲食料品小売業4.4，⑤娯楽業4.2，⑥陶磁器・ガラ
ス器小売業3.7の順で高い。

　付加価値額特化係数と企業従業者特化係数から，タイルと美濃焼に関連する

図8-6　多治見市の特化産業（2016年）

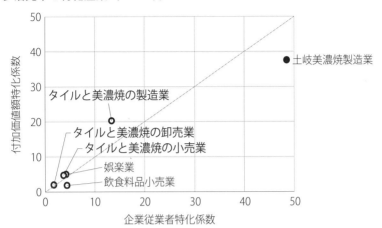

(注) 多治見市の窯業・土石製品製造業を「タイルと美濃焼の製造業」，その他の卸売業（陶磁器・ガラス器卸売業）を「タイルと美濃焼の卸売業」，その他の小売業（陶磁器・ガラス器小売業）を「タイルと美濃焼の小売業」と置き換えている。
出所：内閣府「地域経済分析システム（RESAS）」からデータ収集し筆者作成。

「窯業・土石製品製造業」「陶磁器・ガラス器小売業」「陶磁器・ガラス器卸売業」が，多治見市の特化産業であることがわかった。

　上述した多治見市の企業従業者特化係数をx軸，多治見市の付加価値額特化係数をy軸にとり，第1象限に位置する産業が地域最大の特化産業である。内閣府「地域経済分析システム（RESAS）」（https://resas.go.jp/）では，産業構造マップ＞全産業＞稼ぐ力分析＞市町村単位で表示する＞グラフ分析＞散布図で分析から，産業の分布を見る/中分類で見る/x軸：特化係数（企業従業者数）/y軸：特化係数（付加価値額）を選べば，図8-6の類似を再現することができる。

　農林漁業・地場産業・観光産業など，地域における特化産業のなかで，地域の「外」の消費者や，地域の「外」を市場としている特化産業が移出産業であり，「地域の稼ぐ力」である。多治見市最大の「稼ぐ力」は，図8-6に示されたとおり，「窯業・土石製品製造業（13.4, 20.3）」である。多治見市がタイル

173

と美濃焼の生産地であることを示している。多治見市において，タイルと美濃焼の製造業は，y=xの線上から上方に位置しているので，企業規模に対する付加価値額がやや高い。しかし多治見市におけるタイルと美濃焼の製造規模は，図8-6に示されたとおり，土岐美濃焼製造業（48.5, 37.5）よりも小さい。

　整理すると，①多治見市における「タイルと美濃焼」生産の事業所数は，1987年から減少傾向にあり，2019年現在，最盛期1986年634軒の23％（144軒）まで減少している。②「タイルと美濃焼」生産の従業者数は，1990年から減少傾向にあり，2019年現在，最盛期1989年9,112人の33％（2,955人）まで減少している。③「タイルと美濃焼」生産の製造品出荷額等は，2010年から増額傾向にあり，2019年現在，最衰期2009年465億円の141％（654億円）まで増額している。④「タイルと美濃焼」生産の付加価値額は，2007年から増額にあり，2019年現在，最衰期2006年268億円の128％（343億円）まで増額している。⑤「タイルと美濃焼」生産の1人あたり付加価値額は，2006年から増額傾向にあり，2019年現在，2005年663万円の175％（1,162万円）まで増額している。⑥「タイルと美濃焼」生産の1人あたり現金給与額は，2007年から増額傾向にあり，2019年現在，最盛期1998年379万円の90％（341万円）まで回復している。

　「美濃焼」生産地である岐阜県土岐市の美濃焼製造品出荷額等が，2019年現在，最衰期2010年533億円の108％（577億円）しか回復していないので，多治見市における「タイルと美濃焼」生産の回復は，タイルが牽引していると推察する。

5. 検証結果（2）：いま多治見市を訪れる観光客にはどのような特性があるのだろうか

5.1. 多治見市における産業観光施設の入場者数

　多治見市における産業観光の拠点が，陶都創造館（多治見市本町5-9-1），セラミックパークMINO（多治見市東町4-2-5），多治見市モザイクタイルミュー

ジアム（多治見市笠原町2082-5）である[11]。上記3館や，こども陶器博物館（岐阜県多治見市旭ヶ丘10-6-67）などの各事業所で，常時，美濃焼作陶体験のコト消費できることが，多治見観光における産業観光の魅力である[12]。

陶都創造館の入場者数は，図8-7に示されたように，2003年7万人から2014年28万人まで増加傾向にあったが，2015年26万人から2020年現在12万人まで減少傾向にある。モザイクタイルミュージアムの入場者数も，図8-7に示されたように，2017年17万人から2020年現在6万人まで減少傾向にある。

セラミックパークMINOの入場者数は，図8-7に示されたように，2003年26万人から2020年現在20万人まで増減を繰り返しながらも減少傾向にある。セラミックパークMINOで，2005年・2008年・2011年・2017年に入場者数が増えているのは，セラミックパークMINOが国際陶磁器フェスティバル美濃の会場となっている影響である。世界最大級の陶磁器コンペティションが国際陶磁器フェスティバル美濃である。国際陶磁器フェスティバル美濃は，3年に1度，第1回（1986年開催）‥‥第10回（2014年開催）・第11回（2017年開催）・第12回（2020年延期・2021年開催）まで開催している。国際陶磁器フェスティバル美濃第11回（2017年開催）の入場者数は14万8,515人，第12回（2021年開催）の入場者数は1万629人であった。

5.2. 多治見市における産業観光イベントの来場者数

作陶体験などのコト消費に加えて，そのトキ・その場所でしか消費できない心トキめくトキ消費も，産業観光の魅力である。産業観光におけるトキ消費の一例が，日本三大陶器祭りである。日本三大陶器祭りは，①有田陶器市（有田

---

(11) セラミックパークMINOは，2002年から公益財団法人セラミックパーク美濃が運営している。セラミックパークMINOは，美濃焼振興を目的とした美術館・イベントホール・国際会議場・作陶館などの複合施設である。セラミックパークMINOの作陶館では，ろくろ体験や絵付け体験などのコト消費を提供している。

(12) こども陶器博物館は，2000年から株式会社金正陶器が運営している。こども陶器博物館では，大正から令和までのこども茶碗が展示されている。同館KIDS LANDでは，ミッフィー・シールの上絵付け転写体験などのコト消費を提供している。

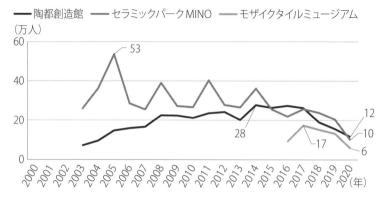

図8-7　多治見市における産業観光施設の入場者数

凡例：陶都創造館　セラミックパークMINO　モザイクタイルミュージアム

出所：岐阜県観光企画課（2001；2020）『岐阜県観光入込客統計調査』各年から筆者作成。

焼・佐賀県有田町・例年来場者数120万人），②土岐美濃焼まつり（美濃焼・
岐阜県土岐市・例年来場者数30万人），③せともの祭（瀬戸焼・愛知県瀬戸
市・例年来場者数30万人）をいう。これらの日本三大陶器祭りは，トキ消費
である。日本三大陶器祭りでは，期間限定の訳あり商品特売（アウトレット・
セール）が開催されている。

　多治見茶碗まつり（10月上旬の土日・2日間・多治見美濃焼卸センター会場）
の来場者数は，図8-8に示されたとおり，2000年25万人から2007年20万人
まで減少傾向にあったが，2008年23万人から2019年現在20万人まで横ばい
傾向にある。たじみ陶器まつり（4月上旬の土日・2日間・本町オリベストリー
ト周辺ほか会場）の来場者数は，図8-8に示されたとおり，2007年23万人か
ら2011年12万人まで減少傾向にあったものの，2012年15万人から2019年現
在16万人まで回復傾向にある。

　土岐美濃焼まつり（5月3日〜5日・3日間・織部ヒルズ会場）の来場者数は，
図8-8に示されたとおり，2019年現在14万人，最盛期2005年39万人の36％
まで減少している。

　新型コロナウイルス感染症拡大のため，多治見茶碗まつり・たじみ陶器まつ
り・土岐美濃焼まつり，のいずれも2020年と2021年は未開催であった。

図8-8　多治見市における産業観光イベントの来場者数

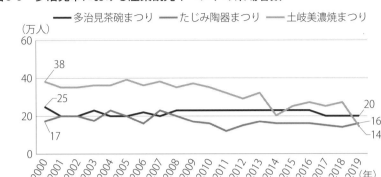

出所：岐阜県観光企画課（2001；2020）『岐阜県観光入込客統計調査』各年から筆者作成。

6. 考察：
やきもの生産地における地域ブランド化と産業観光の育成

　図8-9・図8-10・図8-11のタイル（多治見市モザイクタイルミュージアム；国際陶磁器フェスティバル美濃2021開催期間），波佐見焼（西の原；2021年通年），美濃焼（国際陶磁器フェスティバル美濃2021セラミックパークMINO会場；国際陶磁器フェスティバル美濃2021開催期間），有田焼（アリタセラ；主に2021年ゴールデンウィーク）は，調査時期が異なるものの，ある程度，生産地別による産業観光の特徴が表れていた（括弧内は調査場所；調査期間）(13)。

　①やきもの生産地における産業観光年齢層の特徴は，図8-9に示されたように，タイル生産地と波佐見焼生産地では，50歳未満が50％を超えている（タイル生産地50歳未満56％・波佐見焼生産地50歳未満63％）。他方，有田焼生

(13)　多治見市笠原町「タイル」生産地の調査概要は，以下のとおりである。
・調査対象（母集団）‥‥多治見市モザイクタイルミュージアム来場者
・調査数‥‥558組1,194人
・調査方法‥‥アンケートによる標本調査
・調査期間‥‥2021年10月14日～2021年10月17日
・調査場所‥‥多治見市モザイクタイルミュージアム（多治見市笠原町2082-5）

図8-9　やきもの生産地における産業観光の年齢層（2021年）

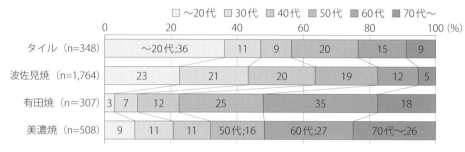

出所：第3章・第5章・第7章の調査結果Q1（年齢層）を再集計。

図8-10　やきもの生産地における産業観光の観光形態（2021年）

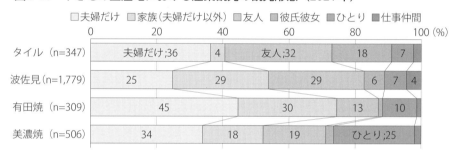

出所：第3章・第5章・第7章の調査結果Q3（1人あたり消費額）を再集計。

図8-11　やきもの生産地における産業観光の1人あたり消費額（2021年）

（注）タイル生産地の土産購入費には，モザイクタイル購入費などが含まれている。
出所：第3章・第5章・第7章の調査結果Q3（1人あたり消費額）を再集計。

産地と美濃焼生産地では，50歳以上が50％を超えている（有田焼生産地50歳以上78％・美濃焼生産地50歳以上69％）。

　②やきもの生産地における産業観光形態の特徴は，図8-10に示されたように，タイル生産地では，夫婦だけと家族（夫婦だけ以外）の計が41％を占めていて，友人と彼氏彼女の計は50％に達している。波佐見焼生産地では，夫婦だけと家族（夫婦だけ以外）の計が54％を占めていて，友人と彼氏彼女の計は35％である。有田焼生産地では，夫婦だけと家族（夫婦だけ以外）の計が74％まで達していて，友人と彼氏彼女の計はわずか14％であった。

　美濃焼生産地では，夫婦だけと家族（夫婦だけ以外）の計が52％を占めていて，友人と彼氏彼女の計はわずか21％であった。なお，美濃焼生産地では，ひとりが25％まで達している。

　③やきもの生産地における産業観光消費額の特徴は，図8-11に示されたように，タイル生産地では1人あたり4,147円（うち陶磁器購入費581円・飲食費1,419円），波佐見焼生産地では1人あたり4,341円（うち陶磁器購入費2,166円・飲食費1,014円），有田焼生産地では1人あたり10,304円（うち陶磁器購入費7,181円・飲食費1,049円），美濃焼生産地では1人あたり4,044円（うち陶磁器購入費1,574円・飲食費1,101円）であった。

　④やきもの生産地における産業観光の1人あたり陶磁器購入費は，有田焼生産地7,181円，波佐見焼生産地2,166円，美濃焼生産地1,574円，タイル581円の順で高かった。他方，やきもの生産地における産業観光の1人あたり飲食費は，タイル生産地1,419円，美濃焼生産地1,101円，有田焼生産地1,049円，波佐見焼生産地1,014円の順で高かった。

　なお，タイル生産地における産業観光で，消費者が美濃焼をついで買いしているのは全体の14％，消費者がモザイクタイルを買っているのは全体の13％，消費者が多治見市内でランチなどを食べているのは全体の43％を占めていた。

　以上のやきもの生産地における産業観光の特徴（①年齢層，②形態，③1人あたり陶磁器購入費，④1人あたり飲食費）から，①タイル生産地と波佐見生産地は50歳未満，有田焼生産地と美濃焼生産地は50歳以上，と消費者の年齢

層に偏りがある。②いずれのやきもの生産地でも，夫婦だけと家族（夫婦だけ以外）の計が50％を超えているが，タイル生産地と波佐見生産地では，友人と彼氏彼女の計も多い。③1人あたり陶磁器購入費は有田焼生産地が飛び抜けているが，有田焼生産地，波佐見焼生産地，美濃焼生産地のいずれのやきもの生産地でも，消費者は陶磁器を購入している。④いずれのやきもの生産地でも，消費者の1人あたり飲食費（ランチ消費と読み替え）が1千円を超えている。

　「波佐見」ブランドが商品化したのは2004年であり，波佐見焼の出荷額が回復したのは2013年以降，波佐見産業観光での1人あたり波佐見焼購入費が大きく回復したのは2012年以降である。波佐見焼が消費ニーズをつかんで，波佐見焼の出荷額や波佐見産業観光の消費額が回復するまで，10年近く経っている。いまの「波佐見」ブランドには，モノ（生活に豊かさが感じられる波佐見焼）だけではなく，コト（地域の生活に密着した産業観光）と地域（おしゃれな場所）が含まれるまで広がっていて多様化している。「波佐見」ブランドの広がりや多様化は，「波佐見」ブランドに新鮮さを生み，新たな消費者を獲得している。

　「波佐見」ブランドが消費者にどのように受け入れられていったのかは，第9章で検討する。

7. 結論

　日本国内では，陶磁器製食器の消費量減少を受けて，陶磁器製食器の生産量も減っている。多治見市の場合，「タイルと美濃焼」生産の事業所数は，1987年から減少傾向にあり，2019年現在，最盛期1986年634軒の23％（144軒）まで減少していた。「タイルと美濃焼」生産の製造品出荷額等は，2010年から増額傾向にあり，2019年現在，最衰期2009年465億円の141％（654億円）まで回復していた。「タイルと美濃焼」生産の付加価値額は，2007年から増額傾向にあり，2019年現在，最衰期2006年268億円の128％（343億円）まで

回復していた。しかしながら，「美濃焼」生産地である岐阜県土岐市の美濃焼製造品出荷額等が，2019年現在，最衰期2010年533億円の108％（577億円）しか回復していないので，多治見市における「タイルと美濃焼」生産の回復は，タイルが牽引_{けんいん}していた。

陶磁器製食器の生産量減少に対応するべく，多治見市では，「タイルと美濃焼」産業の多治見産業観光を推進していて，生産地ブランド「セラミックバレー美濃」や地域産品ブランド「美濃焼」による「地域の稼ぐ力」（地域の移出産業）の再生に取り組んでいる。多治見産業観光のなかでも，タイル生産地の産業観光は50歳未満の消費者，美濃焼生産地の産業観光は50歳以上の消費者が多いことがわかった。多治見産業観光における1人あたり飲食費（ランチ消費と読み替え）は，タイル産業観光1,419円，美濃焼産業観光1,101円であった。「タイルと美濃焼」生産地におけるモノ消費（1人あたり陶磁器購入費）とコト消費（1人あたり飲食費）から，「食」と「やきもの」を合わせたブランド化は，ある程度成果が出ていると結論づける。

❓ 考えてみよう

(1) 任意の地域ついて，図8-7もしくは図8-8を参考に，地域施設の入場者数，もしくは地域イベントの来場者数を調べ，消費者の嗜好を考えてみよう。

(2) 任意の地域について，表8-1を参考に，総合計画や観光振興計画を調べ，地域経済再生の政策と施策を考えてみよう。

【参考文献】

アフターコロナ時代における地域活性化と観光産業に関する検討会（2022）「アフターコロナを見据えた観光地・観光産業の再生に向けて：稼げる地域・稼げる産業の実現（最終とりまとめ素案）」国土交通省観光庁。

井澤秀哉（2020）「セラミックバレー美濃構想と進め方」セラミックパーク美濃。

岩永洋平（2020）『地域活性マーケティング』筑摩書房。

経済産業省経済産業政策局調査統計部（2021a）『2020年工業統計調査（2019年実

　　績）産業細分類別統計表（経済産業局別・都道府県別表)』経済産業調査会。

経済産業省経済産業政策局調査統計部（2021b)『2020年工業統計調査（2019年実
　　績）品編目』経済産業調査会。

熊田喜三男（2011)「製品計画の設定とブランド・マーケティングの推進：土岐陶磁
　　器ブランドの構築を例として」『名古屋外国語大学現代国際学部紀要』7，129-
　　178頁。

岐阜県観光国際局観光企画課（2001；2021)『岐阜県観光入込客統計調査』。

小林哲（2016)『地域ブランディングの論理：食文化を活用した地域多様性の創出』
　　有斐閣。

多治見市企画防災課（2020)「第7次多治見市総合計画後期計画2020-2023」。

多治見市経済部（2020)「多治見市産業観光・観光振興計画」。

内閣府まち・ひと・しごと創生本部「地域経済分析システム（RESAS)」(https://re-
　　sas.go.jp/)。2022年1月18日アクセス。

初澤敏生（2015)「地場産業のブランド化戦略とその課題：鳴子産地におけるJA-
　　PAN BRAND事業と多治見陶磁器産地の人材育成を例に」『福島大学地域創造』
　　27（1)，4-12頁。

古海洋介（2017)「金融機関が美濃焼で地域を活性化する：金融機関が果たす役割に
　　ついて」『中京ビジネスレビュー』13（1)，19-52頁。

古川雅典・水野光二・加藤靖也（2016)「美濃焼ブランディングプロジェクト：美濃
　　焼の可能性を広げる高付加価値化とグローバル化」，関野吉記編著『今，企業が
　　ブランド力を上げる理由：想いを伝える企業ブランディング』日経BPマーケ
　　ティング，132-155頁。

水野紀男（2011)「地域再生の基軸としての観光：岐阜県東濃地区・多治見市におけ
　　る観光を考える」，昭和女子大学光葉会『學苑』847，48-61頁。

安本宗春（2022)「地域資源の観光資源化による活用：大井川鐵道」，藤原直樹編著
　　『地域創造の国際戦略』学芸出版社，134-151頁。

第9章
地域再生の産業観光

1.「地域の稼ぐ力」（地域の移出産業）と地方創生

1.1. 個人観光や着地型観光と地方創生

　日本経済は，COVID-19（新型コロナウイルス感染症・2019年12月中国武漢市発症）拡大の影響によって，国難ともいうべき厳しい状況に置かれている。国内総生産（GDP）支出面では，民間最終消費支出である個人消費が半数以上を占めているが，外出自粛による消費者マインドの影響を受けて，個人消費は停滞している。くわえて，地場産業とよばれる日用品の生産地では，1990年ごろから安価な海外製品との競合や，ライフスタイルの変化によって，現在は生産量，生産額，事業所数がピーク時の半分から1/5程度までに落ち込んでいる。日本の国土7割を占める中山間地域では，江戸時代以来，日用品を生産する地場産業が「地域の稼ぐ力」（地域の移出産業）であったが，地場産業はかつての「稼ぐ力」を失っている。新型コロナウイルス感染症拡大の影響によって事業所数が激減し，生き残る生産地と消えゆく生産地の差が顕著に表れるであろう。持続可能な（sustainable）地域経済のためには，地域外から所得を獲得する「地域の稼ぐ力」（地域の移出産業）の再生や育成が不可欠である。

　日本政府は，地方の平均所得を上げるために，「地域の稼ぐ力」である地域の移出産業を重要視し，個人観光や着地型観光による地方創生や地域経済再生を推進している。近年は，団体観光から個人観光へ，そして物見遊山的な発地型観光から，観光先で何かを体験する体験型観光や，観光を通じて何かを学ぶ学習観光などの着地型観光へ，観光の質が変わってきた。新型コロナウイルス感染症拡大前まで，東京，京都，大阪などで，コト消費・モノ消費・トキ消費

にお金を使う都市観光（Urban tourism）が人気だった[(1)]。しかしに，コロナ禍のなか，長距離旅行や宿泊旅行が制限された結果，都市観光からマイクロ・ツーリズム（Micro tourism，近場観光）やローカル・ツーリズム（Local tourism，地方観光）へ，観光の形が変わってきた[(2)(3)]。

　本書で取り上げた生産地の産業観光化とは，生産地へのローカル・ツーリズムやマイクロ・ツーリズム，または生産地での産業観光や農業観光などをいう。生産地の産業観光化は，地域の生活に密着した個人観光や体験型観光である。しかし地元の人たちは，身のまわりのモノやコトがあまりにも日常的存在すぎて，それらの価値に気づかず生活している。身のまわりのいたる所に，観光資源や付加価値は潜在している。住んでいる地域の歴史，産業，文化など，身のまわりにあるモノやコトの特色を見つめ直し，「地域の稼ぐ力」（地域の移出産業）として再構築することが，本書のねらいである。

1.2.「地域の稼ぐ力」（地域の移出産業）と多様なコト消費・モノ消費・トキ消費

　地方創生とは，地方の平均所得を上げることである。なぜなら，地方には人口減少対策，少子化対策，高齢化対策が必要であり，これらの対策を実施する

---

(1) 都市観光とは「東京や京都，大阪のような観光都市に滞在し，歴史遺産や町並，古典芸能やコンサート，美術鑑賞などの芸術，テーマパークなどのアミューズメント，ショッピングや飲食，夜景などを楽しむ観光のことをいう。ヨーロッパのパリ，ローマ，ロンドン，アジアのシンガポール，バンコック，香港などを訪ねる観光など，海外旅行では定番の旅行形態である」（JTB総合研究所「観光用語集」より）。

(2) マイクロ・ツーリズムとは「新型コロナの流行をきっかけに感染防止の観点で広がった，自宅から1～2時間程度の移動圏内の「地元」で観光する近距離旅行の形態のことをいう。公共交通機関の利用を避けた自家用車による移動を中心とし，地域の魅力の再発見と地域経済への貢献を念頭に置いた旅行形態である」（JTB総合研究所「観光用語集」より）。

(3) 日本では，株式会社スノーピーク（新潟県三条市）の体験型事業「ローカル・ツーリズム」（2018年提供開始）からローカル・ツーリズムが広がった。「ローカル・ツーリズムは，日本各地で継承されてきたその土地の文化や食，ものづくりに触れ，追体験することで日本の魅力的な文化や産業を未来に継承していく旅のことである」（山井梨沙代表取締役社長・株式会社スノーピーク，やまとごころ.jpより）。

ためには，地方の魅力を上げ，地方で働くことのできる雇用が必要である。つまり地方の平均所得を上げることにある。地方の平均所得を上げるためには，「地域の稼ぐ力」である地域の移出産業を再生や育成しなければならない。地方では，農林漁業，地場産業，そして観光産業も「地域の稼ぐ力」であり移出産業である。「地域の稼ぐ力」（地域の移出産業）を再生や育成するためには，団体観光のような画一的なマス・ツーリズムではなく，多様なコト消費・モノ消費・トキ消費を合わせた個人観光や着地型観光，マイクロ・ツーリズムやローカル・ツーリズムが必要である[4]。

　本書では，生産地の産業観光化によって，消費者が該当地域での，①農家民泊や絵付け体験などサービス（無形商品）に価値を感じてお金を使う「コト消費」，②カジュアル・リッチやシンプル・モダンを商品コンセプトにした波佐見焼などモノ（有形商品）に価値を感じてお金を使う「モノ消費」，③そのトキ・その場でしか味わえない心トキめくコトやモノに価値を感じてお金を使う「トキ消費」の3つの消費額を増やすことが，「地域の稼ぐ力」（地域の移出産業）の再生や育成につながると捉えている。

　新型コロナウイルス感染症拡大前は，消費者である日本人観光客や訪日外国人観光客を特定地域へよび込むために，コト消費が注目を集めていた。しかし，「地域の稼ぐ力」（地域の移出産業）を再生や育成するためには，コト消費だけではなく，モノ消費とトキ消費も不可欠である。マイクロ・ツーリズムやローカル・ツーリズム，個人観光や着地型観光による多様なコト消費・モノ消費・トキ消費によって，「地域の稼ぐ力」（地域の移出産業）を再生や育成することが生産地の産業観光化であり，地方創生に対する一つの答えである。

　波佐見町での個人観光や着地型観光，マイクロ・ツーリズムやローカル・ツーリズムについて考えると，波佐見町へ来て，波佐見焼そのものや波佐見焼工房をみて楽しんだり，観光ガイドや職人から地域の歴史や文化を学んだり，

---

(4)　トキ消費とは，博報堂生活総合研究所が2017年から提唱しているモノとコトに続く消費潮流であり，トキ消費の3要件は，非再現性・参加性・貢献性である（夏山明美（2020）「アフター・コロナの新文脈：博報堂の視点」13より）。

図9-1　作陶体験などのサービスに価値を感じてお金を使う「コト消費」

出所：「波佐見焼の生地職人になる旅：5時間コース」にて2020年8月筆者撮影。

<ruby>坏土<rt>はいど</rt></ruby>を練りろくろを廻す体験を楽しんだり，‥‥というような「来て」「みて」「学んで」「体験して」「お金を使う」経済行為が，「地域の稼ぐ力」（地域の移出産業）の再生や育成につながっていく。たんに地域資源を発掘するだけでは，地方創生や地域経済再生といえない。潜在する観光資源や付加価値を見つめ直し，地域でお金を使ってもらうという経済行為に結びつけていくことが，「地域の稼ぐ力」（地域の移出産業）の再生や育成である。

　生産地を産業観光化して稼ぐことができれば，図9-2に示されたとおり，企業の利益が増える。企業の利益が増えれば，企業で働く労働者の所得が上がる。労働者の所得が上がれば地方の平均所得が上がり，利益が出ていて賃金が良い企業や地域で働きたい労働者が移住してくる。年齢幅を問わず労働者が増えれば，一時的な人口減少対策になる。しかし，少子化と高齢化を見据えると，子育て世代や子育て前の若年移住者を多く募りたい。それもコト消費やトキ消費を通じて波佐見観光のファンになった消費者や，モノ消費を通じて波佐見焼のファンになった消費者を募りたい。「波佐見」ファンの移住者が増えれば，生産地を産業観光化して稼ぎ波佐見町での消費額が増え，生産地を産業観

図9-2　生産地の産業観光化による地域経済循環

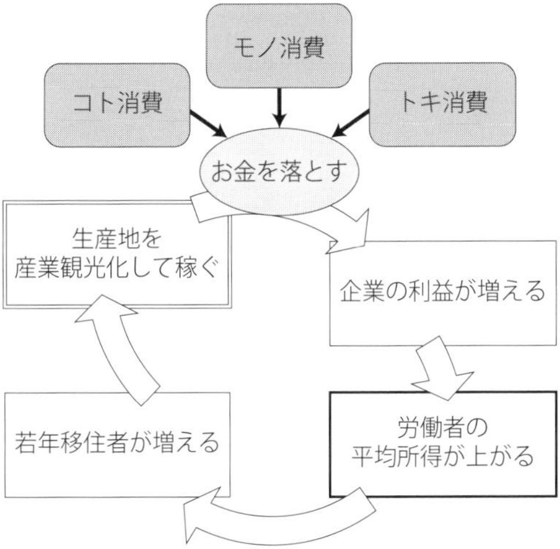

出所：筆者作成（本書・図4-10を再掲）。

光化して稼ぐことができれば，企業の利益が増える‥‥という生産地の産業観光化による地域経済循環を図るべきである（図9-2）。

2. 長崎県波佐見町の波佐見焼産業と観光経済

2.1. 波佐見町の稼ぐ力「波佐見焼」

　第4章で触れたように，波佐見焼の生産地は，長崎県波佐見町と長崎県川棚町である（以下，波佐見焼産業と略す）。波佐見焼産業の①製造品出荷額等は，図9-3に示されたとおり，2019年現在，最盛期1991年279億円の52％（142億円）まで減額，最衰期2011年124億円の115％（142億円）まで増額している。波佐見焼産業の製造品出荷額等比率は，2019年現在，波佐見町37％（53億円），川棚町63％（89億円）である。

　波佐見焼産業の②付加価値額は，図9-4に示されたとおり，2019年現在，最盛期1991年166億円の54％（90億円）まで減額，最衰期2003年75億円の

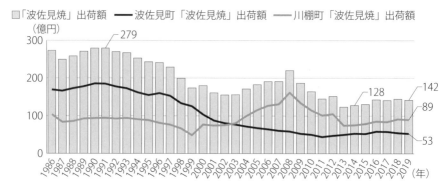

図9-3　波佐見焼産業の製造品出荷額等

□「波佐見焼」出荷額　━ 波佐見町「波佐見焼」出荷額　━ 川棚町「波佐見焼」出荷額

（注）図中の波佐見焼は，「窯業・土石製品製造業／従業員数4人以上の事業所」である。
出所：内閣府「地域経済分析システム（RESAS）」からデータを収集し筆者作成。

120％（90億円）まで増額している。波佐見焼産業の付加価値額比率は，
2019年現在，波佐見町46％（41億円），川棚町54％（49億円）である。

　波佐見焼産業の③事業所数は，2019年現在，最盛期1988年234軒の29％
（68軒）まで減少していて，過去のなかで最も少ない。波佐見焼産業の事業所
数比率は，2019年現在，波佐見町88％（60軒），川棚町12％（8軒）である。

　波佐見焼産業の④従業者数は，2019年現在，最盛期1986年4,224人の29％
（1,239人）まで減少していて，過去のなかで最も少ない。波佐見焼産業の従
業者数比率は，2019年現在，波佐見町65％（801人），川棚町35％（438人）
である。1事業所あたりの従業者数は，波佐見町13人，川棚町55人であり，
川棚町「波佐見焼」生産のほうが波佐見町「波佐見焼」生産よりも，事業所の
規模が大きい。

　波佐見町と川棚町を合わせた波佐見焼産業は，出荷額が2013年124億円か
ら2018年145億円まで5年間連続，付加価値額が2014年82億から2018年93
億円まで4年連続で増額していた。日本国内には日用品の生産地が578箇所あ

図9-4　波佐見焼産業の付加価値額

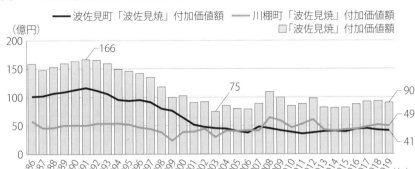

（注）図中の波佐見焼は，「窯業・土石製品製造業／従業員数4人以上の事業所」である。
出所：内閣府「地域経済分析システム（RESAS）」からデータを収集し筆者作成。

る[5]。日本国内に578箇所ある日用品の生産地のなかで，ここ直近，製造品出荷額等と付加価値額が5年ほど微増傾向にある地域産品は，数えるほどであろう。

2.2. 波佐見町の稼ぐ力「波佐見観光」

　波佐見町の稼ぐ力（移出産業）は，波佐見焼生産と波佐見観光である。『長崎県観光統計』（長崎県観光振興課）において，観光客とは，地元・県内・県外の日帰り客と宿泊延客の合計である。波佐見町の観光客数は，1997年41万人から増加し続け，2017年以降，波佐見町の観光客数は，2017年104万人・2018年104万人・2019年103万人と，2017年から2019年まで横ばいであった。しかし，新型コロナウイルス感染症拡大後，2020年現在，波佐見町の観光客数は54万人まで減少している。波佐見町の観光消費額は，1997年9億円から増加し続け，新型コロナウイルス感染症拡大前の2019年は49億円に達していた。観光客数と観光消費額から，波佐見町は「観光のまち」ともいえよ

---

(5)　日本総合研究所（2016）「全国の産地：2015年度産地概況調査結果」3頁。

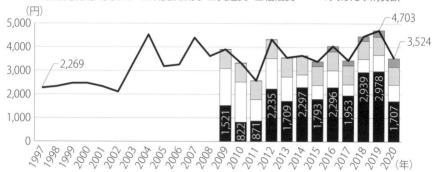

図9-5　波佐見観光の1人あたり消費額

（注1）　長崎県観光振興課（2010；2021）『長崎県観光統計』に掲載している土産購入費ほか
　　　　を波佐見焼購入費ほかと読み替えている。
（注2）　長崎県観光振興課（1998；2009）『長崎県観光統計』には，1997年から2008年まで
　　　　の宿泊費・交通費・飲食娯楽費・土産購入費ほかが未掲載であった。
出所：長崎県観光振興課（1998：2021）『長崎県観光統計』各年から筆者作成（本書・図
　　　2-8を再載）。

う。

　波佐見観光の1人あたり消費額は，図9-5に示されたとおり，1997年2,269
円から2019年4,703円まで増額傾向にあった。

　新型コロナウイルス感染症拡大前（2019年）の波佐見観光1人あたり消費
額4,703円の内訳（100％）は，波佐見焼購入費ほか2,978円（63％），飲食娯
楽費691円（15％），交通費765円（16％），宿泊費269円（6％）である。1
人あたり消費額とその内訳から，消費者は，波佐見町へ来て，くらわん館（波
佐見町井石郷2255-2）や，南創庫（波佐見町井石郷2187-4・西の原内）など
で「波佐見焼」をおみやげに購入し，氷窯アイスこめたま（波佐見町井石郷
2179・西の原内）や，にぎりめしかわち（波佐見町井石郷2187-4・西の原内）
などで軽食をとっていたと推察する。

　他方，新型コロナウイルス感染症拡大後（2020年）の波佐見観光1人あた
り消費額3,524円の内訳（100％）は，波佐見焼購入費ほか1,707円（48％），

飲食娯楽費697円（20％），交通費754円（21％），宿泊費365円（10％）である。新型コロナウイルス感染症の拡大前（2019年）と拡大後（2020年）では，波佐見観光の消費者1人あたり波佐見焼購入費ほかが2,978円から1,707円まで1,271円も減額している。

　新型コロナウイルス感染症の拡大前（2019年）と拡大後（2020年）で共通していることは，消費者が波佐見町へ来て，モノ（有形商品）である波佐見焼を購入したり，サービス（無形商品）であるランチをとったりしているが，波佐見町で宿泊していない。観光客数を増やすよりも，1人あたり消費額（客単価）をいかに増やすかが，波佐見観光の課題である。

3. モノ（波佐見焼）消費の伸び

3.1. 消費ニーズをつかんだ「波佐見焼」

　波佐見焼の出荷額が回復したのは，2013年以降（本書・前掲の図7-1参照），波佐見観光での1人あたり波佐見焼購入費が大きく回復したのは，2012年2,235円以降（本書・前掲の図7-3参照）である。これまで有田焼として販売していた食器を波佐見焼として商品化したのは2004年であり，波佐見焼が消費ニーズをつかんで，波佐見焼の出荷額や観光消費額が回復するまで，10年近く経っている。

　波佐見焼は，どのように消費ニーズをつかんでいったのか。「特徴の無いことが波佐見焼のウリであり，特徴の無いことがたまたま消費ニーズに合っただけだ」と兒玉盛介波佐見焼振興会2021年度会長は謙遜するが（2020年2月14日筆者インタビュー），答えは各社の個性を引き立たせる差別化であり，プロダクトデザイナーと連携した商品づくりにある。

　波佐見焼が消費ニーズをつかんだきっかけの1つは，阿部薫太郎室長（西海陶器株式会社商品開発室・岩手県花巻市出身・2006年波佐見町移住）による商品づくりである。

　以下，阿部薫太郎氏へのインタビューにもとづく（2022年2月21日筆者イ

ンタビュー）。

　阿部薫太郎氏は，2006年当時から「すでにあるものに縛られず，いま，人々に求められるもの」「暮らしのなかで，豊かさを感じられるもの」を商品コンセプトに，商品づくりを続けている[6]。

　阿部薫太郎氏は，2006年当時，廃業した製陶所（現・西の原）に商品開発室兼工房を作り，商品企画から商品開発までの流れを見直している。単なる企画やデザインだけではなく，波佐見焼の原型や石膏型の製作まで，独自で試作する体制を作り，商品開発のコストを抑え，自由度の高い商品開発を可能にした。「窯元や型屋，生地屋などの職人，その全てが初めから好意的だったわけではありません。彼らのところへ足繁く通い，会話を重ね，時に酒を酌み交わし，理解と親交を深めることで，信頼関係を築きました」「生産地での信頼関係のもと，商品に多様性をもたせることができました。1つの傑作を創るより，100人の暮らしを豊かにする100のモノ（テーブルウエア）を作りたいです」（阿部薫太郎氏・括弧内筆者加筆）。

　上述した阿部薫太郎氏の商品コンセプトは，西海陶器社内だけではなく，波佐見焼振興会や阿部薫太郎氏が築いた信頼関係を通じて，波佐見焼産業関係者に共有され，波佐見焼産業関係者の共通した商品コンセプトになっていった。阿部薫太郎氏の商品コンセプトが周囲に波及した結果，若者の感性に響くモノ（波佐見焼），機能性に優れたモノ（波佐見焼），嗜好性が高いモノ（波佐見焼）などがあちこちで生まれ，新たな潮流となり，波佐見焼が消費者に受け入れられていく。阿部薫太郎氏の商品コンセプトが消費者にも浸透しているので，いまの波佐見焼は，消費ニーズをつかんでいる。

---

[6]「商品コンセプトとは，この商品はどのようなものか，誰が使うのか，どのようなシーンで使用されるのか，メリットは何かなどを言葉や絵で表現したものである。商品コンセプトは，商品開発における最も重要な部分である」（J-Net21「売れる商品をつくるコツ」独立行政法人中小企業基盤整備機構より）。

図9-6　阿部薫太郎氏が技術伝承を意識した呉須染のカレー皿

出所：株式会社中善資料提供（撮影：野町修平）。

　阿部薫太郎氏は，上述した商品コンセプトにそって，伝統的な通称を「すでにあるものに縛られず，いま，人々に求められるもの」「暮らしのなかで，豊かさを感じられるもの」へ変えている。たとえば，皿は「プレート」，小皿は「アクセサリープレート」，楕円皿は「オーバルプレート」，豆皿は「アクセサリートレー」，飯碗は「ライスボウル」，鉢は「ボウル」，大鉢は「サラダボウル」，そば猪口と湯呑は「カップ」，大きい湯呑は「タンブラー」，小さいコーヒーカップは「デミタス」，急須は「ポット」，醤油さしは「ソイポット」など，伝統的な通称を変え，大・中・小の大きさはL・M・Sと表記を変えた。

　さらに，阿部薫太郎氏は，上述した商品コンセプトにそって，陶磁器業界の通称も，たとえば，駒筋は「ボーダー」，十草は「ストライプ」，格子は「チェック」など，「すでにあるものに縛られず，いま，人々に求められるもの」「暮らしのなかで，豊かさを感じられるもの」へ変えている。他方，「カンナ彫」「イッチン」「粉引」など技法の通称は，伝統技法を消費者へ伝えるために変えていない。阿部薫太郎氏の技術伝承への想いは，同氏が株式会社中善（波佐見町折敷瀬郷1455）のブランド「zen to（ゼント）」（2021年商品化）にブランドディレクターやプロセスエンジニアとしてかかわったときにも表れて

193

出所：東京西海株式会社資料提供（撮影：日下潤一）。

いる。阿部薫太郎氏は，波佐見焼の技術伝承を意識し，「zen to（ゼント）」の
カレー皿では，呉須染で絵柄を入れている。

　阿部薫太郎氏は，上述の商品コンセプトにそって，波佐見焼の食器だけにし
ばられず，図9-7のように，グラス，コップ，スプーン，ナイフ，フォーク，
汁椀，箸なども，テーブルウエアとして，Common（コモン）というブラン
ドに製品ディレクションしている。

　阿部薫太郎氏が波佐見町へ移住した2006年当時は，西海陶器の売上が落ち
込み，在庫の山を抱えるなか，同氏は在庫と重ならない波佐見焼のキーホル
ダーやアクセサリー，B to B向け商品を開発していた。波佐見焼のキーホル
ダーやアクセサリーは，のちに箸置きとして売れている。

　転機は，テーブルウェア・フェスティバル2007（テーブルウェア・フェス
ティバル実行委員会主催・東京ドーム会場・第1回1993年・毎年1月下旬か
ら2月上旬開催）へ西海陶器が出展を決断したときまでさかのぼる。テーブル
ウェア・フェスティバル2007出展以後，B to C向け商品を「essence of life
（エッセンス・オブ・ライフ）」（2006年商品化），「The Porcelains（ザ・ポー
セリンズ）」（2011年商品化），「HASAMI PORCELAIN（ハサミ・ポーセリ

ン）」（2012年商品化），「Common（コモン）」（2014年商品化），「Sabato（サ
バト）」（2014年商品化），「Ha'（ハ）」（2018年商品化）などの順に，阿部薫
太郎氏は市場へ送り出している。「HASAMI PORCELAIN（ハサミ・ポーセ
リン）」は，日本よりも先に，2011年，米国で商品化している。詳しくは次節
を参照されたい。

　阿部薫太郎氏は，ときにはプロダクトデザイナーとして，ときにはプロダク
トプロデューサーとして，ときにはプロダクトディレクターとして，ときには
プロダクトプランナーとして，すべての商品ブランドにプロセスエンジニアと
してかかわっている。プロセスエンジニアは，モノづくりの工程全体にかかわ
り，生産プロセスを設計する職種である。阿部薫太郎氏は，すべての商品ブラ
ンドにプロセスエンジニアとしてかかわり，たんに生産技術を追求するだけで
はなく，デザイナーのラフ案から設計図を描いたり，設計図から試作まで試行
錯誤したり，生産コストを抑えたり，各工程の工数を減らしたり，商品化まで
のスケジュールを調整したりしている。

　デザイナーとの商品企画から試作を経て，製品化から商品化まで，地域内分
業生産にこだわる阿部薫太郎氏のかかわりが，西海陶器の強みである。阿部薫
太郎氏・西海陶器株式会社（地域商社）のように，商品企画から試作，製品
化，商品化まで地域内分業生産にこだわる，有限会社マルヒロ（地域商社），
株式会社中善（メーカー），白山陶器株式会社（メーカー）などの百花繚乱が
モノ（波佐見焼）消費の伸びにつながっている。

3.2.「波佐見」ブランドの誕生と浸透

　1620年前後から波佐見町で生産されたやきもの（まだ「波佐見焼」の名称
は存在していない）は，1743年には伊万里港から「伊万里焼」の名称で日本
中に出荷されていて，「くらわんか椀」（安い日用食器の通称）とよばれてい
た。明治近代以降の波佐見町で生産されたやきものは，「有田焼」の名称で有
田駅（1897年開業）から日本中に出荷された。1902年には，波佐見町中尾山
郷に陶磁器意匠伝習所が開設している。1897年ごろから2003年ごろまで，有

田町で高級食器「有田焼」を生産し，波佐見町で日用食器「有田焼」を生産し続けてきた。

　しかし2004年に転機が訪れる。2004年に魚沼産コシヒカリ偽装表示事件や讃岐うどん偽装表示事件などの産地偽造問題が起こり，波佐見町で生産するやきものを「波佐見焼」の名称で出荷するように変えた（小林ほか2021・121頁）。生産地として，今度どのような方向をめざすのか模索が始まった（長崎県立大学プロジェクト2016・2頁）[7]。2009年当時，「消費者が波佐見焼を認識し，他の生産地のやきものと区別するのは難しかった」（山口2011・9頁）[8]。「波佐見」ブランドが確立するまで10年近くかかり，「波佐見焼」が売れ始めたのは2012年以降である（図9-8参照）。いまの「波佐見」ブランドには，モノ（生活に豊かさが感じられる波佐見焼・第3章調査結果Q9参照）だけではなく，コト（生活に密着した産業観光・第4章表4-3参照）と地域（おしゃれな場所・第3章調査結果Q10参照）が含まれるまで広がっていて多様化している。「波佐見」ブランドの広がりや多様化は，「波佐見」ブランドに新鮮さを生み，新たな消費者を獲得している。

　特筆すべきは，2022年現在，波佐見焼マグカップ「HASAMI PORCE-LAIN（ハサミ・ポーセリン）」（2011年米国商品化）がApple Inc.公式グッズとして売られていることである。Apple Inc.公式グッズ限定品のマグカップには，Appleロゴマークと「JAPAN HASAMI PORCELAIN（日本・波佐見・磁器）」が刻まれている。Appleロゴマークが入った「HASAMI PORCE-

---

(7)　波佐見焼振興会と長崎県立大学の地域連携事業が始まった2007年当時を振り返り，「波佐見焼の発展の方向性，取るべき方策について関係者は必ずしも認識が統一されていたわけではない」（長崎県立大学プロジェクト2016・3頁）。「日本人の食生活のスタイルが変化し，安価な食器が海外から輸入され，生活食器の販売が伸び悩むなか，生産地として今後どのような方向をめざすのか模索が始まった」（同・2頁）。
(8)　「『波佐見焼の特徴はなんですか?』とストレートに地域の方や関係者の方に聞くと，白磁や青磁にあい色，淡色の色使い，草模様の絵付けを施したシンプルな家庭用食器などの言葉が返ってくる。‥‥中略‥‥。しかし，この特徴は，波佐見焼の生産地周辺の三川内焼，有田焼，伊万里焼と共通する要素であり，違いが説明できていない」（山口2016・8-9頁）。

図9-8　波佐見観光での1世帯あたり波佐見焼購入費

(注1)　図中の「1世帯たり食器購入費」は，『家計調査年報：家計収支編』「二人以上の世帯」
　　　の「茶わん・皿・鉢（510）」購入合計額である。
(注2)　図中の「1世帯たり波佐見焼購入費」は，『長崎県観光統計』から算出した波佐見観光
　　　の1人あたり消費額「土産購入費ほか」に2（人）を乗算して1世帯とした。
出所：長崎県観光振興課（2010：2020）『長崎県観光統計』各年と総務省統計局（2021）
　　　『2020家計調査年報：家計収支編』から筆者作成（本書・図4-7を再掲）。

　LAIN（ハサミ・ポーセリン）」は，米国カリフォルニア州クパチーノ市にある Apple Inc.公式グッズ販売店の Apple Infinite Loop と Apple Park Visitor Center でしか買うことができない「トキ消費」である。

　1世帯あたりの年間食器購入費（購入数・1個あたり単価）は，図9-8に示されたとおり，1996年3,828円（6個・1個あたり641円）から2020年1,183円（3個・1個あたり387円）まで2,645円も減額している。他方，波佐見町へやってくる1世帯あたり波佐見焼購入費は，2010年1,643円から2019年5,957円にかけて増額していて，2012年以降，波佐見焼が急速に売れていった。ただし，新型コロナウイルス感染拡大の影響を受けて，波佐見観光での1世帯あたり波佐見焼購入費は，2020年現在，3,414円まで減額している。

　新型コロナウイルス感染拡大前まで，消費者は，波佐見町にやってきてモノ（波佐見焼）を購入していたので，波佐見観光でのモノ（波佐見焼）消費が伸びていた。

　モノ（波佐見焼）消費の伸びは，ふるさと納税額にも表れている。ふるさと

納税総合サイト「ふるさとチョイス」（https://www.furusato-tax.jp/）によれば，波佐見町の2019年度ふるさと納税返礼品1,421品のうち，波佐見焼が86％（1,215品）を占めている。波佐見町のふるさと納税額は，2016年度0.46億円（2,062件）から2021年度20.4億円（82,870件）まで急激に増えている。

　本書で取り上げた，やきもの生産地と比較すると，2021年度のふるさと納税額は，波佐見町20.4億円（82,870件），有田町14.1億円（38,563件），多治見市0.9億円（3,081件）の順で高かった。2021年度住民1人あたり（2021年10月1日人口より算出）のふるさと納税分配額は，波佐見町住民1人あたり14万3,275円，有田町住民1人あたり7万5,205円，多治見市住民1人あたり895円であり，住民1人あたりのふるさと納税分配額は，波佐見町が高い。ふるさと納税額の伸びは，モノ（波佐見焼）消費の伸びだけではなく，関係人口増加の表れでもある。関係人口とは，移住した定住人口でもなく，観光に来た交流人口でもない，地域や地域の人々と多様にかかわる人々をいう（総務省地域力創造グループ公式webページ・https://www.soumu.go.jp/）。

4. 結論

　本書で取り上げた波佐見焼産業などの「地域の稼ぐ力」（地域の移出産業）は，その土地ならではの魅力であり，地域経済を支える大きな柱であり，地元の人々にとっては誇りであり，地域住民にとってはアイデンティティ（identity）でもある。新しいモノや新しいコトが生まれては，注目を集めている。新しいモノや新しいコトは，私たちの生活を豊かにしてくれるが，「地域の稼ぐ力」である地域の移出産業を再生や育成しなければ，どこの地域も似たような場所になり，地域に魅力が感じられなくなってしまう。他の地域と差別化するためにも，地場産業，観光産業，農林漁業などの「地域の稼ぐ力」（地域の移出産業）は必要不可欠である。長崎県波佐見町のように，新しいモノ（本書では生活に豊かさが感じられる波佐見焼）や新しいコト（本書では地域の生活に密着した産業観光）を取り入れた「地域の稼ぐ力」（地域の移出産業）の再生

や育成に取り組むべきである。

？ 考えてみよう

(1) 任意の地域ついて，図6-9を参考に，さまざまなコト消費を調べ，コト消費の多様性を考えてみよう。
(2) 任意の地域について，第9章1.2を参考に，さまざまなトキ消費を調べ，トキ消費の多様性を考えてみよう。

【参考文献】

小林善輝・竹田英司・井手修身（2021）「グリーン・クラフト・ツーリズムの歩みと取り組み」，児玉盛介ほか『笑うツーリズム：HASAMI CRAFT TOURISM』石風社，286-321頁。

総務省統計局（2021）『2020家計調査年報：家計収支編』日本統計協会。

内閣府まち・ひと・しごと創生本部事務局「地域経済分析システム（RESAS）」（https://resas.go.jp/）。2021年11月30日アクセス。

長崎県観光振興課（1997：2021）『長崎県観光統計』長崎県観光振興推進本部。

長崎県立大学学長プロジェクト編（2016）『波佐見焼ブランドへの道程』石風社。

夏山明美（2020）「アフター・コロナの新文脈：博報堂の視点」13，博報堂生活総合研究所（https://www.hakuhodo.co.jp/），2022年2月13日アクセス。

日本総合研究所（2016）「全国の産地：2015年度産地概況調査結果」。

山口夕妃子（2011）「波佐見焼ブランド構築の要件と課題」，長崎県立大学産学連携チーム編『波佐見の挑戦：地域ブランドをめざして』長崎新聞社，1-18頁。

やまとごころ.jp（2021）「インバウンド特集レポート」（https://yamatogokoro.jp/），2022年2月20日アクセス。

J-Net21「売れる商品をつくるコツ」独立行政法人中小企業基盤整備機構（https://j-net21.smrj.go.jp/），2022年2月19日アクセス）。

JTB総合研究所「観光用語集」（https://www.tourism.jp/），2022年1月20日アクセス。

あとがき

　日本政府は，地方の平均所得を上げるために，「地域の稼ぐ力」である地域の移出産業を重要視し，個人観光や着地型観光による地方創生や地域経済再生を推進している。

　近年の観光は，団体観光から個人観光へ，そして物見遊山的な発地型観光から，観光先で何かを体験する体験型観光や，観光を通じて何かを学ぶ学習観光などの着地型観光へ，観光の質が変わってきた。COVID-19（新型コロナウイルス感染症・2019年12月中国武漢市発症）拡大のなか，長距離旅行や宿泊旅行が制限された結果，都市観光からマイクロ・ツーリズム（Micro tourism, 近場観光）やローカル・ツーリズム（Local tourism, 地方観光）へ，観光の形も変わってきた。

　本書で取り上げた，生産地の産業観光化は，地域の生活に密着した個人観光や体験型観光である。

　しかし地元の人たちは，身のまわりのモノやコトがあまりにも日常的存在すぎて，それらの価値に気づかず生活している。身のまわりのいたる所に，観光資源や付加価値は潜在している。住んでいる地域の歴史，産業，文化など，身のまわりにあるモノやコトの特色を見つめ直し，「地域の稼ぐ力」（地域の移出産業）として再構築していくべきである。

　従来型の地域産業論では，「なぜ特定産業が特定地域に発生継続したのか」や「消費の多様化や多面化のなか，特定地域産業はいかに持続的に成長するのか」など，地域外の「市場」に対して「どのようなモノやコトを作り売るか」という地域産業論だった。

　しかし，新型コロナウイルス感染症（COVID-19）拡大を契機に，消費者を取り巻く社会環境と日常生活は大きく変化した。従来型の地域産業論ではなく，本書の第2章や第9章で取り上げたように，地域外の「消費者」に対して「いかに地域のモノやコトの良さを伝えるか」という地域産業論も大事になっていくであろう。

1616年から日本で生産が始まった磁器は，食器・茶器・花器・装飾品から碍子<ruby>碍子<rt>がいし</rt></ruby>・点火プラグまで，現代社会に欠かせないモノとなっていて，新型コロナウイルス感染症（COVID-19）収束後も，磁器が消滅することはない。コロナ禍で飲食店の時短営業が続くなか，自宅食などの「巣ごもり消費」が増えている。「食」に「器<ruby>器<rt>うつわ</rt></ruby>」は欠かせないものであり，コロナ禍の「巣ごもり消費」で需要が増えているモノが，肥前磁器をはじめとする食器である。

　波佐見焼産業や美濃焼産業などの「地域の稼ぐ力」（地域の移出産業）は，その土地ならではの魅力であり，地域経済を支える大きな柱であり，地元の人々にとっては誇りであり，地域住民にとってはアイデンティティ（identity）でもある。新しいモノや新しいコトが生まれては，注目を集めている。新しいモノや新しいコトは，私たちの生活を豊かにしてくれるが，「地域の稼ぐ力」である地域の移出産業を再生や育成しなければ，どこの地域も似たような場所になり，地域に魅力が感じられなくなってしまう。他の地域と差別化するためにも，地場産業，観光産業，農林漁業などの「地域の稼ぐ力」は必要不可欠である。長崎県波佐見町のように，新しいモノ（本書では生活に豊かさが感じられる波佐見焼）や新しいコト（本書では地域の生活に密着した産業観光）を取り入れた「地域の稼ぐ力」（地域の移出産業）の再生や育成に取り組むべきである。

索　引

あ行

アートデザイン村構想　15
有田観光　91, 98
有田陶器市　93, 119
有田町　112
有田焼　3, 90, 112, 118
有田焼ブランド　97
生き残り戦略　53, 83
移出産業　27, 68, 89, 127, 139, 173, 185
イノベーション　3, 4, 9
オープン・ファクトリー　13, 44

か行

海外個人旅行者　22
観光消費額　28, 69, 78, 90, 139
技術革新　55
業態変化　13
クラフト・ツーリズム　19, 21, 59, 62
グリーン・ツーリズム　16, 58, 60, 62
グリーン・クラフト・ツーリズム　58, 62,
　81
高額消費者　41
工業製品　3, 162
高度経済成長（期）　56, 60, 114
工房ショップ　59, 62
工房の開放化　13
工房のショップ化　13, 22
高齢化率　26, 88, 138
個人観光　183, 185
コト　198
コト消費　43, 57, 77, 78, 116, 175, 185

さ行

産業観光　19, 43, 59, 118
産業観光化　111
産業観光の年齢層　177
市場細分化分析　38, 99, 149
持続可能な（sustainable）地域経済　160
地場産業　12
少子高齢化社会　26, 88, 138
消費ニーズ　57, 61, 74, 115, 191
殖産興業　6
巣ごもり消費　10
生産技術　9
生産地の産業観光化　184, 186

た行

ターゲット分析　40, 100, 150
体験型観光　183
多治見観光　148, 165
多治見市　161
地域経済（の）循環　187
地域産品　114
地域内分業生産　8, 115
地域の稼ぐ力　52, 68, 69, 81, 111, 127,
　160, 183, 186
地域ブランド　3, 6, 15, 133, 163
地域マーケティング　163
地方の味方　163
着地型観光　58, 183, 185
伝統産業　12
伝統的工芸品　2, 113
陶磁器　1
陶磁器購入費　179
東濃観光　143

トキ消費　　13, 175, 185, 197
都市観光　　184
特化係数　　66, 124, 171
特化産業　　68, 126, 173

な行

日本遺産　　3, 113
日本三大陶器祭り　　176
ニュー・ツーリズム　　58
農業観光　　16

は行

波佐見観光　　29, 37
波佐見町　　53
波佐見朝飯会　　76
波佐見ブランド　　21, 44, 196
波佐見焼　　27, 53
波佐見焼ブランド　　36
東インド会社　　4, 14
肥前磁器　　4, 6, 10
肥前地域　　3, 6
1人あたり消費額　　28, 29, 90, 131, 139,
　　190
1人あたり陶磁器購入費　　179

1人あたり波佐見焼購入費　　191
付加価値額　　27, 64, 89, 123, 139, 170, 187
ふるさと納税額　　73, 76, 133
ペルソナ分析　　42, 101, 151
訪日外国人旅行者　　22

ま行

マイクロ・ツーリズム　　184, 185
マス・ツーリズム　　58
美濃焼　　139
美濃焼ブランド　　147
モノ　　198
モノ消費　　43, 57, 116, 185, 197

や行

やきもの産業　　1, 4, 10
輸出産業　　4, 6

ら行

リピーター　　42, 71, 102, 152
リピート率　　70, 128
ローカル・ツーリズム　　184, 185

【著者紹介】

竹田 英司（たけだ えいじ）

2012年大阪市立大学大学院創造都市研究科博士後期課程修了。
博士（創造都市学・大阪市立大学）。

〈現職〉
長崎県立大学地域創造学部准教授。

〈主な業績〉
『実践で学ぶ地域活性化』（共著）同友館，2021年。
『笑うツーリズム：HASAMI CRAFT TOURISM』（共編著）石風
　社，2021年。
「地場産業のツーリズム化：波佐見焼生産地のコト消費・モノ消
　費・トキ消費」『地域経済学研究』41，45-62頁，日本地域経済学
　会，2021年。
「有田焼生産地の稼ぐ力：地域産業と産業観光」『日本産業科学学会
　研究論叢』26，59-70頁，日本産業科学学会，2021年。

2022年9月25日　第1刷発行

地域再生の産業観光論
　―やきもの産地のコト消費とモノ消費―

ⓒ著　者　竹　田　英　司

発行者　脇　坂　康　弘

〒113-0033 東京都文京区本郷 3-38-1
TEL.03(3813)3966
FAX.03(3818)2774
https://www.doyukan.co.jp/

発行所　株式
　　　　会社 同友館

落丁・乱丁本はお取り替えいたします。
ISBN 978-4-496-05612-3

三美印刷／松村製本所
Printed in Japan